和谐校园文化建设读本

文明之花

李 哲/编写

吉林教育出版社

图书在版编目(CIP)数据

文明之花 / 李哲编写. — 长春：吉林教育出版社，
2012.6（2022.10 重印）

（和谐校园文化建设读本）

ISBN 978 - 7 - 5383 - 8793 - 3

Ⅰ．①文…　Ⅱ．①李…　Ⅲ．①中华文化－青年读物②
中华文化－少年读物 Ⅳ．①K203-49

中国版本图书馆 CIP 数据核字（2012）第 116007 号

文明之花
WENMING ZHI HUA　　　　　　　　　　　　　　　　　李　哲　编写

策划编辑　刘　军　　潘宏竹
责任编辑　尹曾花　　　　　　　　　　　　**装帧设计**　王洪义
出版　吉林教育出版社（长春市同志街 1991 号　邮编 130021）
发行　吉林教育出版社
印刷　北京一鑫印务有限责任公司
开本　710 毫米×1000 毫米　1/16　　**印张** 12　　**字数** 152 千字
版次　2012 年 6 月第 1 版　　**印次**　2022 年 10 月第 3 次印刷
书号　ISBN 978 - 7 - 5383 - 8793 - 3
定价　39.80 元

编 委 会

主　　编：王世斌

执行主编：王保华

编委会成员：尹英俊　尹曾花　付晓霞

　　　　　　刘　军　刘桂琴　刘　静

　　　　　　张　瑜　庞　博　姜　磊

　　　　　　潘宏竹

　　　　　　（按姓氏笔画排序）

总 序

千秋基业，教育为本；源浚流畅，本固枝荣。

什么是校园文化？所谓"文化"是人类所创造的精神财富的总和，如文学、艺术、教育、科学等。而"校园文化"是人类所创造的一切精神财富在校园中的集中体现。"和谐校园文化建设"，贵在和谐，重在建设。

建设和谐的校园文化，就是要改变僵化死板的教学模式，要引导学生走出教室，走进自然，了解社会，感悟人生，逐步读懂人生、自然、社会这三本大书。

深化教育改革，加快教育发展，构建和谐校园文化，"路漫漫其修远兮"，奋斗正未有穷期。和谐校园文化建设的研究课题重大，意义重要，内涵丰富，是教育工作的一个永恒主题。和谐校园文化建设的实施方向正确，重点突出，是教育思想的根本转变和教育运行机制的全面更新。

我们出版的这套《和谐校园文化建设读本》，既有理论上的阐释，又有实践中的总结；既有学科领域的有益探索，又有教学管理方面的经验提炼；既有声情并茂的童年感悟；又有惟妙惟肖的机智幽默；既有古代哲人的至理名言，又有现代大师的谆谆教诲；既有自然科学各个领域的有趣知识；又有社会科学各个方面的启迪与感悟。笔触所及，涵盖了家庭教育、学校教育和社会教育的各个侧面以及教育教学工作的各个环节，全书立意深邃，观念新异，内容翔实，切合实际。

我们深信：广大中小学师生经过不平凡的奋斗历程，必将沐浴着时代的春风，吸吮着改革的甘露，认真地总结过去，正确地审视现在，科学地规划未来，以崭新的姿态向和谐校园文化建设的更高目标迈进。

让和谐校园文化之花灿然怒放！

本书编委会

目 录

一、略谈四千年

我国是世界上文明发达最早的国家之一。有丰富的远古文物的遗存，有近 4000 年文字记载的历史。

从现有的考古材料来看，大约 100 多万年前，就已经有原始人类生活在祖国的大地上。北京周口店发现的 50 万年前的"北京猿人"，已经具备人的基本特征，能直立行走，能制造和使用简单的工具，并且知道用火。

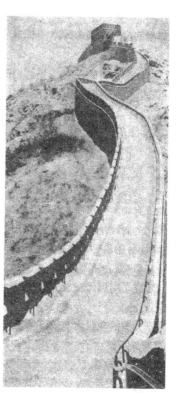

长城

我国曾经经历母系氏族公社和父系氏族公社两个历史阶段。六七千年以前的"仰韶文化"是母系氏族公社的主要代表，5000 年以前的"龙山文化"，是父系氏族公社的主要代表。在这一阶段里，人们已能磨制出供多种用途的石器，还发明了陶器。除了狩猎和捕鱼，出现了农业和畜牧业。

原始氏族社会的末期，黄河流域一带分布着不少的部落。其中以黄帝为首的部落，力量比较强大，文化发展程度也比较高。

大约公元前 21 世纪出现的夏朝，是我国历史上第一个奴隶制国家。

公元前 16 世纪，汤灭夏，建立了商朝。奴隶制更加有了发展。农业和畜牧业相当发达，青铜的冶炼和铸造技术具有较高水平，文字也较为定形了。商朝奴隶主对奴隶的剥削和压迫非常残酷，所以奴隶殉葬是普遍的现象。

大约在公元前11世纪，周武王灭商，建立了新的王朝西周。公元前770年，西周崩溃，周王室东迁洛邑（今河南洛阳），史称东周。

东周包括春秋（公元前770年—公元前476年）和战国（公元前475年—公元前221年）两个时期。这500多年里，是我国社会大变革的时期。在这段时期，诸侯各国互相争霸，战乱不止。春秋时原有100多国，经过战争，大国并吞小国，到战国时，只剩下齐、楚、燕、赵、韩、魏、秦七国。在这段时期，冶铁技术有了提高，铁器的使用已经普遍，农业生产进一步发展起来。原来奴隶社会的土地王有制和井田制，逐渐为封建土地私有制所代替。奴隶主贵族逐渐转化为封建地主，奴隶转化为佃农。新兴地主阶级取代了奴隶主阶级。在这段时期，在思想领域里，代表各个阶级利益的思想家互相论辩，出现了"百家争鸣"的局面。

公元前221年，秦始皇统一全国，建立了中国历史上第一个统一的多民族的中央集权的封建国家——秦。

公元前209年，爆发了以陈胜、吴广为首的农民大起义。秦王朝在农民起义下灭亡了。刘邦建立起西汉皇朝。西汉前期，铁农具广泛使用，牛耕和马耕已很普遍，兴修了许多水利工程，加上封建统治者比较重视农业生产，因而农业有了显著的发展，手工业也有新的成就，科学、文化艺术也相当繁荣。各民族之间的联系加强了。对外交往的范围扩大了。张骞出使西域，开辟了通往欧亚的"丝绸之路"。西汉后期，政治腐败，阶级矛盾尖锐，爆发了赤眉、绿林农民起义。

秦始皇统一度量衡制度的诏文

刘秀利用农民起义的力量,重建了汉朝政权,是为东汉。

东汉从公元 25 年到 220 年,封建经济、科学文化继续发展。后来,统治阶级内部矛盾重重,政治极端黑暗,阶级斗争日益尖锐起来。在张角领导的黄巾起义的打击下,东汉瓦解了。

东汉地主收租画像砖

在镇压黄巾起义的斗争中,地方割据势力逐渐强大,经过不断战争,最后形成了魏、蜀、吴三国鼎立的局面。不久为晋朝所统一。不到 40 年,又分裂为南北朝对峙。581 年,隋朝统一了全国。

在魏晋南北朝时期,社会经济继续得到发展。迁居内地的各少数民族,通过长期的共同斗争,逐渐形成和促进了以汉族为中心的民族大融合。

隋炀帝奢侈腐化,大兴土木,穷兵黩武,严重地破坏了社会经济。隋末农民起义的熊熊烈火,埋葬了隋王朝。618 年,李渊夺取了隋末农民起义的胜利果实,建立了唐朝。

在唐太宗李世民当政期间,唐朝的封建统治得到进一步巩固,农业和手工业发达,经济文化繁荣,出现了一大批著名的科学家、文学家,国力迅速强大。各族之间的联系出现了前所未有的盛况。唐太宗把文成公主嫁给松赞干布,进一步加强了汉藏两族的联系。

唐朝时期,我国的经济和文化,在当时的世界上处于先进地位,对外联系也比过去发达。和日本、朝鲜以及西亚、欧洲、非洲的许多国家的友好关系,有进一步的发展。著名高僧玄奘、鉴真,为促进我国同印度、日本的文化交流,做出了贡献。

唐朝经过"安史之乱",从强盛转向衰落。由黄巢领导的农民起义军瓦解了唐朝的统治。907年,朱温篡夺了唐朝的政权,建立后梁。这以后的50年中,黄河流域一带地区换了五个朝代(后梁、后唐、后晋、后汉、后周)。在南方各地和北方的山西一带,还先后出现过十个割据的政权(前蜀、吴、闽、吴越、楚、南汉、南平、后蜀、南唐、北汉)。这个时期,历史上称为五代十国,我国陷于混乱分裂之中。

唐三彩女俑

960年,赵匡胤建立了北宋,结束了分裂的局面。农业、手工业、商业和科学文化继续向前发展。

在北宋初期,爆发了王小波、李顺领导的农民起义,在历史上第一次提出"均贫富"的口号。此后,农民起义不断发生。在这同时,东北契丹族的辽国和女真族的金国,还有西北党项族的西夏,同北宋彼此征战不息。金灭辽以后,就大举南下,灭了北宋。赵构南渡,建立了南宋。

正当中原地区宋、金战争不已的时候,北方的蒙古族崛起。成吉思汗统一了蒙古各部,随后发动大规模的战争,先后灭了西夏、金国。成吉思汗的孙子忽必烈灭了南宋,统一全国,于1271年建立了元朝。

元朝是继秦、汉、隋、唐之后,历史上又一次大统一的时代。这次的大统一,促进了社会经济的恢复和发展,提高了科学文化水平,加强了各民族之间的互相融合,密切了中外的关系。

在元朝的90年统治时间里,农民起义一直没有间断。1368年,朱元璋建立起明朝,恢复了汉族地主阶级的封建统治。

故宫

　　明朝初年,大兴屯田,兴修水利,减免徭役和赋税,促进了农业的发展。随着农业和手工业生产的提高,商品经济有了发展。资本主义已在萌芽。我国同海外联系也加强了。郑和七次出使"西洋",增强了与亚非许多国家的经济文化交流和友谊。

　　明朝末年,专制主义的封建统治非常腐朽,土地高度集中,农民大量沦为佃户。他们承受不了沉重的地租和赋税,只好武装反抗。以李自成、张献忠为主力的农民大起义,经过17年的战斗,于1644年推翻了明朝。在汉族地主的帮助下,清兵击败了农民起义军,满族在全国建立了新王朝——清朝。

李自成率领农民起义军进入北京

康熙、雍正、乾隆三朝，是清朝的繁盛时期。那时候，生产力发展，经济繁荣，疆域辽阔，有效地抵抗了沙俄的侵略。

　　清朝政府实行闭关政策，不许我国人民到海外去经商，也不许外国商品随便进口。这种政策阻碍了我国资本主义萌芽的发展，也使我国长时期对西方的政治、经济、军事、文化情况，缺乏了解。从明初到清中叶，中国的封建社会逐渐走向末期。

清时期景德镇的陶瓷业

　　1840 年，英国侵略者发动了侵略中国的鸦片战争。从此，各国侵略者接踵而来，我国开始沦为半封建半殖民地的社会。

　　我国是一个由多民族组合而成的国家，各民族的团结、国家的统一，是我国历史的特点。我们中华民族，不但以刻苦耐劳著称于世，同时又酷爱自由，具有光荣的革命传统和优秀的历史遗产。我国人民从来不能忍受黑暗势力的统治和外来的侵略。我国产生过许多伟大的思想家、科学家、发明家、政治家、军事家、文学家和艺术家,有许多先进的发明创造,对人类做出了伟大的贡献。

历史在前进,伟大的中国人民将创造出更宏伟、更瑰丽的新世界。

二、经济与对外贸易

张骞和"丝绸之路"

边城暮雨雁飞低,芦笋初生渐欲齐。

无数铃声遥过碛,应驮白练到安西。

这是唐代诗人张籍写的《凉州词》中的几句,它描绘无数的骆驼队,摇晃着发出清脆声响的驼铃,满驮着丝绸(白练),行进在大沙漠(碛)上。这是一幅"丝绸之路"的特殊风光画。

丝绸是我国古代劳动人民的伟大发明。古罗马的作家曾经赞誉丝绸"彩色像野花一样美丽,质料像蛛丝一样纤细",称中国为"丝国"。汉朝以后,一直到13世纪,大量轻柔华美的丝绸,通过河西走廊,沿着昆仑山脉和天山山脉,向西运往西域和地中海东岸。后世人把这横贯亚洲大陆,长达7000多千米,连通了中国和西方各国的古代最长的陆上商路,形象地称为"丝绸之路"。这是对中国古代劳动人民,特别是妇女通过养蚕、织绸,对世界文明做出的巨大贡献的纪念。

张骞出使西域(敦煌壁画)

"丝绸之路"的开通,是许多世纪各国人民不断努力的结果,但是人们永远纪念2000多年前张骞为开辟这条道路,首通西域的不朽业绩。

　　在汉代,西域是指甘肃敦煌以西、葱岭东西的广阔地域。葱岭以西即现在的中亚细亚、伊朗高原、小亚细亚等地。葱岭以东,即我国新疆的天山南北。这一带有大小几十个政权。人口多者两三万,少者一两千。公元前117年,匈奴征服了这一地区,阻断了东西交通,这一地区成为匈奴奴隶主侵扰西汉的"右臂"。汉武帝即位后,为抗击匈奴,决定募人出使大月氏,联络匈奴的宿敌大月氏夹击匈奴。这是一个危险而又艰巨的任务。

　　汉中成固人郎官张骞,自告奋勇应募出征。公元前138年,年轻的张骞带100多随从,从长安出发,有个叫甘父的匈奴人作向导。他们昼夜兼程西行,越过长城后,不幸遇上了匈奴骑兵,张骞一行因寡不敌众,全部被俘。匈奴单于把张骞软禁了十余年,还把一个匈奴女子嫁给他为妻。可是张骞始终珍藏着汉武帝授予他的汉节。十多年后,他找到一个机会,和随从一起潜逃了。在甘父的指引下,他们继续西行。在荒无人烟的草原沙漠中,靠甘父射杀禽兽充饥,走了数十天才到达大宛国。

　　大宛国王早就想与汉朝通好,见到来使,非常高兴,并派人护送张骞去大月氏。历尽千难万险,张骞终于到达目的地,但这时情况已发生了变化。大月氏西迁后占据了大夏(在今阿富汗)的故地,那里物产丰饶,周围又很少打仗,大月氏王安于现状,已不想再打匈奴报仇了。张骞无奈,只好离开去大夏。在大夏都城的市场上,他见到了大月氏的毛毡、大秦国的海西布、安息国(在今伊朗)的五色缯,尤其叫他惊奇的是,市场上竟有汉朝四川的邛竹杖和蜀布。这是由大夏商人从身毒国(印度)贩来的。他由此推知从蜀地有路可通身毒、大夏。张骞考察后,从南路经羌族地区东返,几经周折,于公元前126年才回到长安。

张骞首次西行往返 13 年,这是历史上我国政府派往西域的第一个使团,史书上誉为"凿空",即是一次空前的探险。他们出发时 100 多人,回来时只剩张骞和甘父两人了,足见此行之艰辛。张骞向汉武帝做了详细报告,并建议和西域各国友好往来,共同抗击匈奴。汉武帝采纳他的建议,任命他为太中大夫。张骞的报告为后世留下了研究当时西域各国历史、地理的宝贵材料。

公元前 123 年,卫青西击匈奴,张骞又从军作向导,后被封为博望侯。公元前 121 年,霍去病夺回被匈奴控制的河西走廊,打通了通往西域的大门。公元前 119 年,汉武帝任张骞为中郎将,第二次出使西域。张骞率众多副使、随从,带万头牛羊、大量金帛,到达乌孙国,并派副使去大宛、康居、大月氏、大夏、安息、身毒等国。张骞于公元前 115 年回国,汉武帝任命他为大行,位列九卿。第二年他去世了。但他派去的副使都圆满完成任务,和各国使者一同返回长安。

张骞通西域是有利于人类进步、文化交流的壮举,开辟了中外交流的新纪元。以后中外使者、商人,沿着张骞开通的道路,来往络绎不绝。西域出产的葡萄、核桃、大蒜等传入汉朝,汉族的先进农业生产技术,打井、炼铁技术也传到西域;西域的音乐、舞蹈、绘画、杂技传入汉朝,汉族人民生产的丝绸也不断带进西域,丰富了人民的物质和精神生活。到了东汉,班超再次通西域,"丝绸之路"上来往更加频繁。到了唐代,通过"丝绸之路"和西方 44 国交往。"丝绸之路"向西伸展到地中海边,通过海路还可达意大利、埃及。"丝绸之路"成为古代中国同中亚,西亚和欧洲、非洲各国经济文化交流的友谊之路。

世界上最早的纸币

我国是世界上最早出现纸币的国家。早在 10 世纪至 11 世纪初,我国宋真宗成平年间就出现了叫做"交子"的纸币。(一说在宋太宗淳化年间就出现了交子,时间比真宗还要早。)这种纸币的出现,比欧美国家要早 700 年。

据《宋史·食货志》上说:真宗时,张咏到四川做官,看到人们贸易交往时,携带铁钱很是笨重,便召集了十几家富户来发行一种纸币。《文献通考》上也有"初蜀人以铁钱重,私为券,谓之交子,以便贸易"的记载。这都说明,宋真宗时,在四川境内已经开始通用"交子"。当时,一交值一缗(即 1000 文钱),以三年为一期可以兑换。所谓"交子",就是代表铁钱价值的一种符号,它是"同用一色纸印造。印文用屋木人物,铺户押字,各自隐秘题号,朱墨间错,以为私记。书填贯不限多少"。后来,由于私人承办资金不足,不能按值兑换,便改为官办。在益州设立了"交子务",主管发行交子事务。宋仁宗时,规定每期发行交子为1256340缗。宋徽宗时,又发行新纸币,叫做"钱引",流通很广。到了宋高宗末年,发行了"会子",又叫做"官会",兑换期仍为三年,票额有 1 贯(千文)、2 贯和 3 贯三种。后来又增加了 200 文、300 文和 500 文的会子。此外,还有一种纸币叫"关子",

交子

它的全名是"见钱关子"，它原来是从沿边到京师间的一种汇票，后来才作为纸币通用的。北宋末期，在陕西一带发行关子就有 400 万贯。随后又发行过所谓"金银关子"和"铜钱关子"。从发行额上看，孝宗时不过 1000 万贯，到理宗时竟增至 32900 万贯了。

宋代纸币的产生，是宋代生产发展、经济繁荣的产物。宋朝初年采取了一系列恢复和发展经济的措施，例如废除一些苛捐杂税，鼓励开垦荒地，提倡植树防灾和兴修水利等，促进了生产。当然，宋朝统治者促进生产是为了保证他们对农民的剥削，有的地区剥削还是很严重的。从宋太祖末年到宋真宗末年，大约 50 年的时间，全国的垦田由 295 万多顷，增加到 524 万多顷。人口也增加很多。手工业和商业有了很大发展，城市也日趋繁荣。由于经济的发展，纸币日益代替铜钱，成为重要的交换手段。可以说，纸币交子的产生、使用和大量流通，标志着宋代的中国已经是经济发展水平很高的封建国家。

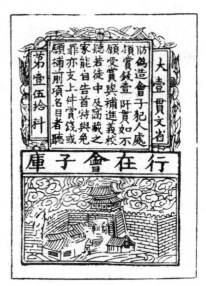

会子

古代水利建设的灿烂明珠——都江堰

我国古代的农业生产十分发达,所以古代水利工程技术也达到了很高的水平,都江堰水利工程就堪称同期世界水利建设的灿烂明珠。

都江堰在四川成都平原西部灌县县城附近的岷江上,它是公元前 250 年李冰到成都做蜀郡太守后,领导群众修建的。都江堰的分水"鱼嘴""飞沙堰"和"宝瓶口"三项主要工程,互相依赖、互相调节、互相制约,构成了一座设计周密、布局合理的引水枢纽工程,具有灌溉、防洪和航运等多种效益。

修建在岷江河床上的"鱼嘴"工程,把岷江一分为二。东边是内江,是岷江的别流;西边是外江,是岷江的主流。"鱼嘴"有调节岷江水量的功能,春耕时节农田需要灌溉,内江的水

李冰石像

量约占六成,外江的水量约占四成,洪汛期间为了防止水灾,内江的水量变为四成,外江的水量变为六成。

"飞沙堰"长约 180 米,建立在内江右岸,是用竹笼装卵石筑成的低堰。堰前一段的内江是弯道,江水流过这里,产生一种强大的弯道环流,如果水位超过一定的高度,就可以把夹带的大量沙石随堰顶溢水一并排进外江。遇到特大洪水,"飞沙堰"被冲垮溃决,使进入内江的洪水泄入外江,可以确保内江灌区的安全。

在内江左岸玉垒山岩石突兀的地方,劈开宽 20 米、高 40 米、长 80 米的引水渠道,是控制内江流量的咽喉,因为形状像个瓶口,就取名叫"宝

都江堰

瓶口"。被斩断而留在"宝瓶口"右边的山岩叫做"离堆",实际上相当于节制闸,可以起到调节进水流量的作用。为了观测和控制内江水量,人们凿了三座石人像置立水中,规定"水竭不至足,盛不没肩"。后来又在"宝瓶口"的山岩上凿了水位标尺来观察水位。

都江堰附近的河底容易淤积,每年霜降时节外江断流淘修,到立春才开堰。然后内江再断流淘修,到清明也开堰。以后两江并用,完全可以保证全灌区的春耕用水。在内外两江断流的时候,用竹条把三根粗木头绑成三脚架做成的截水"杩槎"连在一起,排列江中,用竹篱做屏障,压上卵石和黏土,就成了一道临时的挡水坝。

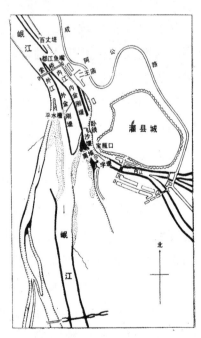

都江堰内外江河口附近略图

"深淘滩，低作堰"的岁修原则，是古代劳动人民总结的治水经验。当时在江底埋有石马，淘滩要触到石马才符合深度的标准；而飞沙堰不要筑得太高，以保证它的溢洪作用。正因为这样，这项水利枢纽工程才能长年受益，经久不衰。

　　特别值得称道的是，我们祖先适应当时的物质条件，利用当地盛产的竹、木和石料，建成这样完善的巨大工程，控制了水流，变水害为水利，使成都平原成为"天府之国"。对于我们祖先的科学的规划和光辉的创造，我们怎能不深切怀念，肃然起敬呢！

人类建筑史上罕见的工程——长城

　　雄伟壮观的长城,横亘我国北部河山,是人类建筑史上罕见的古军事防御工程。

　　长城,是中华民族的象征。她庄重,刚毅,坚贞。侨胞们不远万里回到祖国,登上长城,四野瞭望祖国山河,往往激动得止不住热泪盈眶。是啊,我们都是中华儿女,几千年光辉灿烂的文化,把海外赤子的心紧紧地跟伟大祖国联系在一起。

陕西横山秦长城遗迹

　　人们大多以为筑长城是秦始皇开的头,其实这是一个误解。早在秦以前的战国时代,就已经开始修筑长城。当时,我国北方激烈痛苦的民族纷争连年不断,同时也出现了诸侯争霸、穷兵黩武的纷乱局面,于是各诸侯国纷纷修筑长城,外御强敌,内保统治。到今天,还保存着燕、赵、魏、齐各诸侯国长城的遗迹。燕长城西起河北独石口,东到辽宁东,用它防御匈奴和东胡。赵长城西起内蒙古临河县,东到河北蔚县,主要防御林胡和楼烦。魏长城北起黄河后套,南接陕西华山,用来防御匈奴和秦。齐长城西起山东境内的黄河,沿泰山到诸城,主要防御吴和楚。

　　秦始皇统一了中国以后,派蒙恬"将三十万众,北逐戎狄",并且在燕、赵、魏防御匈奴的旧长城的基础上加以连接和扩建,用了十年时间,

嘉峪关长城

才建成了蜿蜒漫长的万里长城。秦长城西起甘肃临洮,沿黄河到内蒙古临河,北达阴山,南到山西雁门关等地,接燕国北长城,经张家口东达燕山,一直绵延到辽东。

山海关

从汉朝一直到明朝,所建长城无论从长度、工程质量和工程规模上,都远远超过秦长城。起先墙身都用土或土中夹杂小石子夯筑,有的也用土坯砌筑。到明代,城墙都用砖砌筑,内部夯土。长城上每隔一段距离筑的方形烽火台,是古代通讯用的,一旦有外敌来犯,烽火台就一个接一个点起大火,通报边境战事吃紧。

2000多年来,有20多个王朝和诸侯国家修筑过长城。如果把历代修筑的长城加起来,总长度在10万里以上。现在,新疆、甘肃、宁夏、陕西、山西、内蒙古、北京、河北、天津、辽宁、吉林、黑龙江、河南、山东、湖北、湖南,都有古长城的遗迹。今天我们在北京以北八达岭等地看到的长城,是明代重新修筑的。明长城西起甘肃嘉峪关,经宁夏、陕西、山西、内蒙古,东到河北、辽宁交界处的山海关,总长12700多里。

万里长城西越戈壁大沙漠,东涉林海雪原。古代勤劳勇敢的劳动人民修筑长城的时候,长年战斗在千里无人烟、风沙满天飞的戈壁滩上和十分荒凉、寒冷的北国山区,往高山顶上用人力搬运砖石料,施工中的艰苦状况,可想而知。古人留诗:"嬴政驭四海,北筑万里城。民命半为土,白骨乱纵横。"这反映了当年封建帝王筑长城的时候强加给劳动人民的深重苦难。万里长城凝聚了无数劳动人民的血汗,万里长城也是我们祖先集体智慧的结晶。

奇巧壮丽的中国古桥

　　每当谈到我国灿烂的古代建筑,人们就会常常想到桥,想到河北的赵州桥、北京的卢沟桥、西安的灞桥、苏州的宝带桥等等许多古代名桥。在名师巨匠手中,它们仪态万千、争奇斗艳,或横跨急流大河,或飞架悬崖深涧,或回转于粼粼碧波之上。"弯弯飞桥出,敛敛半月彀""横桥远亘如游龙,明珠影落长河中",历代诗人常常用这些美好的诗句,来赞美山光水色中的各式各样的桥。

河北赵州桥

　　成千上万座古桥,不仅以历史悠久、瑰丽多姿闻名世界,而且在建造技术方面有不少杰出的创举。其中最杰出的,要首推河北的赵州桥、福建的洛阳桥和广东的广济桥。

　　赵州桥,又名安济桥,凌跨河北赵县的洨河上,是我国最古老、最有名的一座单孔"坦弧"大石桥。桥长 50.82 米,跨径 37.02 米。桥型稳重雄伟而又轻盈秀丽,是一座高度的科学性和完美的艺术性相结合的精品,受到古今中外人民的一致高度赞美。桥是由隋代著名工匠李春设计建造的。1300多年以来,它经受住了地震、洪水、风雨和使用的考验,至今雄姿不减当年,从而获得了"奇巧固护、甲于天下"的声誉。

福建洛阳桥

赵州桥的珍贵,不仅仅在于它的古老和巨大的跨度,而在于大拱的两肩各背着两个小拱的绝妙布局。它首创了世界上"敞肩拱"的新式桥型。这种桥型的最大好处是减少了洪水流经时桥身对水流的阻碍面积,减少了大拱上的荷载,是一个聪明无比的创举。欧洲直到19世纪中叶才出现同类桥型,比赵州桥晚了1200多年。

洛阳桥,位于福建泉州洛阳江的入海口上,堪称我国梁式桥型的精品杰作。桥建于900多年前的北宋,现长834米,宽7米。这里是江海交汇之处,水深流急,剧烈冲刷河床,再加上地震频繁,因此建造桥墩十分困难。建桥者经过多次勇敢尝试,最后采用了十分独特奇妙的设计和施工方案;沿着桥梁线路把几万立方大石填铺江底,筑成了一道高出江底3米以上的宽20多米,长达1里的水下长堤,并且在堤上繁殖牡蛎,胶固石基,使全桥基础成为一个整体。然后在上面筑墩架桥,非常稳固可靠。

洛阳桥在近千年前就已经采用了桥梁中的"筏型基础"，而现代建桥工程采用这种类型的基础。还不到 100 年的历史。这是我国古代桥工对世界建桥技术的伟大贡献，也是我们中华民族改造大自然，与大自然合谐共处的一曲壮丽凯歌。

你看到过梁舟结合、可开可合的桥梁吗？广东潮安县韩江上的广济桥，就是世界上这种奇特桥梁的先驱。

广济桥建于唐代，长达 588 米。韩江汛期水势凶猛，洪患严重，筑墩建桥困难重重。聪明的桥工别出心裁，先在东西两岸筑墩建桥，桥中一段由 24 艘船组成浮桥。当船需要通过时，就移开舟船让出航道。既不影响航运，又避免了筑墩工程，成为建桥史上的佳话美谈。

我国古代劳动人民还在无法行舟、无法筑墩的激流峡谷上，用竹、藤、铁等材料在世界上首创了多种悬索吊桥。它和拱桥，梁桥并列为桥型的三大基本体系。索桥的发明，是我们祖先改造大自然的又一奇迹。

兴旺发达的中国古代造船业

15世纪初,是中国古代航海活动最辉煌的时期。明代郑和七下西洋,就是早期世界航海史上的空前壮举。这也充分显示了中国明代造船业的兴旺发达。

东汉陶船

其实,我国早在2000多年前的秦汉,造船业就已经相当发达了。当时的造船中心有长安、苏州、福州和广州等数十处之多,能制造多种优良船舶。据《汉书·武帝纪》记载,当时建造了一条非常高大壮观的楼船,名叫"豫章号",船上有豪华的宫室,可以乘载万人。这个数字可能夸张了,但说明当时造船技术和造船规模已经相当可观。

自唐宋到明代中叶的1000多年间,随着我国古代社会经济的增长和科学技术的发展,造船业也相应出现了长时期的蓬勃发展的局面,中国制造的远洋海船久为世界各国所称道。

中国古船类型繁多,在世界上居于首屈一指的地位。据解放初期粗略统计,当时历史上遗留下的船型仍在1000种左右,仅海洋渔船就有二三百种。沙船、乌船、福船、广船是我国海船类型中的四大名船。其中尤以沙船和福船驰名中外。郑和七下西洋所乘坐的五六十艘宝船,实际上就是沙船。其中最大宝船长44丈,宽18丈,张12帆,载重量达千吨以上,十分雄伟壮观。

中国古船不仅种类多，体积大，而且还有结构坚固、载量多、航运快、安全可靠等许多优点，在国际上享有很高声誉。从 7 世纪以后，中国远洋船队就日益频繁地出现在万顷波涛的大洋上，外国商人往来于东南亚和印度洋一带，都乐于乘坐中国大海船。并且用"世界上最进步的造船匠"来称赞中国船工。

秦造船工场遗址

宋海船遗迹

中国古船在船体结构和动力方面。在世界造船、航运史上创造了不少辉煌的纪录。比如，我国早在宋代，船工们为提高海船的抗沉性，在造船时已经普遍运用水密隔舱了，这样即使有一两舱漏水，也不致于全船沉没。1974 年考古工作者在福建泉州湾发掘出一条宋代大海船，船体是用坚固的木板隔成了 13 个船舱。欧洲 18 世纪才出现水密隔舱的船舶。再如，我国在唐代已经发明和广泛使用了桨轮船。桨轮船也叫明轮船，主要用于内河短途运输。古代船工为提高船速，把桨楫间歇推进改为桨轮连续运转，从而大大提高了航行速度。桨轮船的出现，是船舶推进技术上的一次重大进步。西方到十五六世纪才有桨轮船出现，比我国要晚七八百年。至于宋代在海船上普遍使用指南针来辨别航向，也比西方早2个世纪，这是我国对世界文明的又一项伟大贡献。

我国古代的冶炼和铸造技术

在古代，我国的冶炼技术，跟别的科学技术一样，在当时世界上处于领先地位，只是在近二三百年前，才逐渐落后。正如英国科学史家李约瑟写的《中国科学技术史》里说的："中国的这些发明和发现往往远远超过同时代的欧洲，特别是在15世纪之前更是如此。"

冶铁画像石

我国是最早发明铸铁（生铁）冶炼技术的国家。江苏六合程桥出土的春秋时期的一件生铁铁块，是我国出土的最古老的生铁实物。我国冶铁技术至迟是在春秋中期发明的，并很快出现了生铁，而欧洲炼出生铁是在14世纪。在洛阳出土的战国早期的铁铲，属可锻铸铁。在国外，1722年法国人才炼出了白心可锻铸铁，到1826年美国人才炼出了黑心可锻铸铁，比我国晚2000年。

古人掌握了炼铁技术以后，到战国时期就发明了炼钢技术，而且创造了多种炼钢方法。铸铁脱碳钢冶炼是我国古代早期的一种制钢工艺，是以白口生铁铸件经脱碳退火处理制得，如洛阳出土的战国早期的铁锛就是这种钢制品。灌钢冶炼是用生铁和可锻铁合在一起冶炼的一种炼钢方法，能很好控制成分，可炼得高碳钢。炒钢冶炼是把生铁加热到液态,靠鼓风使硅、碳等氧化,使生铁含碳量降低到钢的成分范围,于是生铁炼成了钢;炒钢发明于西汉末年,而欧洲到18世纪中叶才知道用炒钢法炼钢。百炼钢主要用炒钢作原料,经反复加热锻打制得,山东出土的东汉时期制造的"卌湅大刀",就是一种百炼钢制品。

我国开始炼铜比发明炼铁炼钢还要早。从考古资料看,早在3000多年前的夏代,已经掌握了红铜冷锻和铸造技术。世界冶金史上著名的炼制青铜的配方"六齐"(见于《周礼·考工记》),第一次向人们指明了合金性能和合金配方成分之间的关系,是世界上最早的对合金规律的发现。这里还应该提到我国首创的胆水炼铜法,这是水法冶金的起源,在世界冶金史上占有光辉的一页。胆水炼铜不用燃料和炉子,只是把铁片放在胆矾(硫酸铜)溶液里,让它们起化学变化,使单质铜沉积下来。宋高宗时胆水炼铜产量占到总产量的85%以上。我国也是世界上最早炼锌的国家,早在西汉时期就在铜里加锌炼成了黄铜,而欧洲到16世纪才认识到锌是一种金属,17世纪才掌握炼锌术。

铸造技术在我国称得上源远流长,从近年考古发掘来看,夏代已经能熔铸青铜。最初的铸型用的是石范(范,指模子),不久改用泥范。唐宋时期已能用泥范铸造大型铸件。沧州五代铁狮、当阳北宋铁塔、北京大钟寺明代大钟,都是世界闻名的几吨到几十吨重的特大铸件。我国早在战国时期已经发明用铁范浇铸生铁铸件,例如锄、镰、斧、车具等,后来还用铁范铸造过古时的大炮。汉代已经用铜范铸造钱币。

胆水炼铜图

到唐代,发明用蜡范铸造钱币。使用泥范、铁范、蜡范铸造铸件,这就是我国古代著名的三大铸造技术。

我国古代冶炼技术走在世界前面的原因，从技术角度来看，主要因为：第一，我国早就有了比较强的鼓风系统，使用了多囊鼓风的水排，提高了炉温；第二，很早就发明了比较高大的竖炉；第三，冶金燃料发展比较快，在生铁冶炼用煤和冶金用焦上，我国都比欧洲早很多。

农业大国的农业科学

（一）

中国自古以来就是一个农业大国，古代发达的农业，一直在世界上居于领先的地位。早在六七千年以前，我们的祖先就在黄河流域种植粟（带皮的小米）、在长江流域种植水稻，有了原始的农业。这些都已经被新中国的考古发掘出来的实物所证明。不要忘了，六七千年以前，地球上的绝大部分人类，还过着茹毛饮血的野蛮人生活呢！

从大量的甲骨文中也可以看出，到了3000多年以前的商朝，我们的祖先已经有了发达的农业，多种农作物。甲骨文中经常出现的农作物名字有粟、稻、禾、稷、麦、黍等，我国是世界上最大的农作物起源中心。当然还有各种蔬菜栽培和家畜饲养技术了！这说明，那时的农业已经达到相当高的水平，中国社会已经进入远比原始社会进步、文明的奴隶社会。

更加可贵的是，我们的祖先积累了十分丰富的农学知识，并且写成反映这些知识和技术的论文和著作。可惜的是，这些论文和农书，不是年久失传，就是只在后代的书中提到了书名、作者，或只引用了书中的一些文字。目前我国乃至世界上的第一部"农业百科全书"，是1400多年前南北朝时期、北魏大农学家贾思勰著的《齐民要术》。

贾思勰出生于农业生产发达的山东省，他当过山东高阳郡太守。他这个当官的可与众不同，不但十分重视发展本地区的农业生产，而且亲身参与种植、饲养等劳动，进行农业试验。他在撰写《齐民要术》时说，要做到以下四点："采捃经传，爰及歌谣，询之老成，验之行事"。这四句话是什么意思呢？

贾思勰请教于农民

　　"采捃经传"，就是参阅大量关于农业的文献资料。贾思勰读书之多，从《齐民要术》中可以看出来，书中引用的古书多达156种。当时还没有发明印刷术，一切全靠手抄，许多古代农业科学文献都失传了，幸亏贾思勰在《齐民要术》中有所抄录，保存了这些文献的片段或精华。例如西汉时期的农学著作《胜之书》，今已失传，全靠《齐民要术》的大量引文，才保存下3000多字，使我们对2000多年前的中国农业和农学有所了解。

　　"爱及歌谣"，就是四处收集农业谚语。历来勤奋智慧的劳动人民，常常把自己在实践中得到的宝贵经验，用简单、上口、易记的歌谣形式，生动地表达出来并流传下去。贾思勰十分重视这些劳动者的创造，不但收集、学习，甚至直接载入书中，《齐民要术》中就记有劳动者代代相传的农事歌谣30多条。

"询之老成"，就是认真向有经验的老农请教。贾思勰不像历代统治者、剥削者那样瞧不起普通农民，而是到农民当中去，虚心向有实际经验的老农民学习。他曾经养了200多只羊，尽管备足了饲料，但还是饿死了许多。他跑到百里以外，向一位养羊能手请教。老羊倌从贾思勰的介绍中，找出了羊被饿死的原因，是因为饲料乱扔在羊圈里，经过群羊踏踩，屎尿熏泡，羊不肯吃的缘故。贾思勰又参观、学习了老羊倌的养羊经验，回去以后照着办，效果很好。

"验之行事"，就是对前边所说的古文献记载、民间农谚和老农的经验，不是简简单单地照抄、照办了事，而是要亲自试验一番，以验证其真伪。如《氾胜之书》说，种植黍子，植株间要疏一些。贾思勰通过试验得出新的结论：疏植虽然可以使黍子植株大，但谷粒却不饱满，容易出瘪谷；改成密植，植株虽小，但谷粒饱满匀称，比疏植要好得多。

贾思勰就是这样认真严肃地对待科学，经过艰苦劳动，终于写出11万多字、92篇、10卷的《齐民要术》。这部农学著作的内容可是太丰富了，农、林、牧、副、渔，无所不包，几乎所有农业生产活动，以至抗旱、深耕、轮种、育种、治虫，甚至食品保存加工、家畜饲养及兽医处方，都作了详细而科学的介绍。其中许多项目，在世界农学史上居于遥遥领先的地位，比其他先进民族的记载要早几百年到一千多年！

（二）

继《齐民要术》之后，元朝又出现了一部系统完整、内容丰富、有所创新的农业科学巨著《农书》。它的作者王祯和氾胜之、贾思勰一样，也是出生在我国农业生产发达的山东省。

贾思勰生活在分裂的南北朝时期,王祯则是生活在大一统的元朝,而且还到南方当过小官,所以他的《农书》不像《齐民要术》只涉及北方的晋、冀、鲁、豫几省的部分地区,而是涉及了南北方共 17 个省区的广大地区。书中既有从历代农业著作中的"搜辑旧闻",更有直接总结当时的农业生产新知识、新技术、新经验,特别是他本人亲身考察、研究与实践的成果。

王祯在安徽省的旌德县当过 6 年县尹(就是县长)。他十分重视发展农业生产,奖励开荒和耕种成绩突出的人,并且帮助农民解决实际困难。

有一年,旌德县大旱,两个月滴雨未下,禾苗面临旱死的危险。旌德是山区,抗旱尤其困难。王祯不是干着急,而是想办法,想措施。他经过视察,发现山谷、河涧里还是有溪水的,问题是怎样把水提灌上山。于是,他把在山东看过的水转翻车,重新进行科学的绘图设计,并召集旌德的铁、木工匠,亲自指导他们日夜赶造水转翻车,然后组织山区抗旱。旌德县的数万亩山地禾苗终于被救活了。

水转翻车是王祯的重要创造。翻车就是水车(又叫龙骨水车),是重要的提水灌溉工具。最初使用人力脚踏,很累,后又使用畜力。王祯在前人创造的基础上,设计了一套复杂的机械装置,以水流为动力,带动翻车,连续把水提升到高处,不但节约了人力、畜力,又大大提高了效率,是十分先进的灌溉机械,直到今天,还在很多农村地区使用。

后来王祯调任江西省永丰县当县尹,他发现永丰人民不种棉花,种桑养蚕的也很少,决心鼓励人民养蚕植棉。特别是棉花,不久前的宋末元初才刚刚传到长江流域和黄河流域,元初的女纺织革新家黄道婆,把海南岛黎族人民的纺织技术带回家乡——长江下游的松江一带,使棉纺织业有了迅速发展。王祯敏锐地认识到,棉花的经济价值和实用性,都将超过自古以来的衣服原料——麻和丝。于是,他用自己的钱买来棉花籽,带到永丰,广泛推广植棉。他还把黄道婆创造的棉纺织手工业的擀、弹、纺、织等各种工具都绘制成图,以利于推广使用。除了买棉花籽外,他还出钱买了桑树苗,发动永丰人民栽桑养蚕,发展丝织手工业。

王祯身为县尹,却常常亲自去观察农业生产的各个环节,搜集各种先进的或古老但仍然适用的农业工具。凡是与农民的生产、生活有关联的一切,他都关心,都研究,终于积累了十分丰富的农业科学知识,写出了 13 万字的大型《农书》,也叫《王祯农书》。

《农书》分三个部分。第一部分:农桑通诀,相当于农学的总说,中国农业发展史及农、林、牧、副、渔业样样都论述到了。

第二部分:百谷谱,分门别类地介绍了 80 多种粮食作物、蔬菜瓜果及经济作物的起源、品种及栽培、保护、收获、贮藏、利用的方法。

第三部分:农器图谱,是全书最重要、最有特色的部分,占全书篇幅的 80%。这一部分详细介绍了古代、当时以及王祯亲自创造的 257 种农具、农业机械等,并配以 300 多幅插图(图谱)及文字说明,使之成为这部农业巨著最鲜明的特色,对先进农具的流传,对我们了解、研究古代的农具,都有重要的意义。

(三)

我国历代农业科学著作,到了明朝晚期,由大科学家徐光启给以总结,编撰成长达近 70 万字的《农政全书》。其中 6 万多字为徐光启所写,其余是他引录的 229 种古代及当时的文献,所以说,《农政全书》是综合介绍中国传统农业科学的巨著。

和单纯技术性的农书《齐民要术》《王祯农书》不同的是,《农政全书》不仅有大量的农业生产、工具等技术性内容,更增加了保证农业生产的其他重要措施,如大规模的水利工程(甚至包括了吸取西方先进技术的"泰西水法")、屯垦、备荒(并附有"救荒本草""野菜谱"等)。

徐光启十分关心农民、农业的现实问题。

1608年,他所在的江南发生饥荒。徐光启得知福建沿海少数地区引种了国外传来的甘薯,是高产作物,就多次从福建把薯种引进到家乡(今上海市),亲自耕锄试种,获得成功。他一边写文章宣传甘薯的价值,一边传授推广他掌握的栽培技术,使甘薯这种高产、好吃的作物不但在上海一带推广,还传到外地。

明末,蝗灾接连不断,徐光启对此又进行了专门研究。他一方面大量查阅春秋以来两千年的文献资料,统计了我国历史上有明确记载的111次蝗灾发生的情况,找出这种灾害在发生时间和地点上的规律;另一方面,他以自己在宁夏、陕西、浙江等地对蝗灾的观察经验,和向老农请教关于蝗虫的生活史、灭蝗方法得到的知识为依据,总结出以消灭虫卵为本、发动群众灭蝗等方法,对灭蝗理论和方法做出了贡献。

像上边引种甘薯、消灭蝗灾等过去农书未曾涉及、徐光启有独到研究的许多内容,都记录进《农政全书》里了。

这里需要说明的是徐光启是一位具有渊博知识、在自然科学许多领域有突出贡献的大科学家,本节仅仅介绍他在农学方面的成就,他们作为综合性科学家的介绍,放在下一节。

千百年来,许多知识分子瞧不起农民,不重视农业,而本节介绍的贾思勰、王祯、徐光启却完全不是这样,他们作为封建时代的官员和知识分子,实在难能可贵。

贾思勰毫不客气地抨击统治者"吃得饱饱的,可是轻视种地;穿的暖暖的,可是轻视纺织",这些人执掌政权,才造成灾害,发生饿死人的现象。老百姓都要饿死了,自然会有"过甚"(造反)的想法,这是因为统治者的"政令失所"!

王祯继承了贾思勰的思想,提出"发展农业,是天下最根本的事业",他以自己的行动实践了自己的思想。

徐光启更是激烈批评不重农业生产的现象,他认为"从唐宋以来,国家不设专管农政的官员,读书人也不谈论和研究农学,这个弊病真是太大、太久啦!"他多次上书皇帝,建议开荒屯田,兴修水利工程。在他63岁高龄时,下决心撰写《农政全书》,经过4年,才完成初稿。

　　贾思勰、王祯、徐光启在农业科学上做出的贡献,为世界农业大国——中国的文明发展史增加了灿烂的光辉。

三、思想文化与文学艺术

半坡遗址和仰韶文化

　　黄河是我国古代文明的摇篮。滚滚的黄河水,滋润了两岸的肥田沃土。在距今七八千年以前,一些以农业为主的氏族公社,就逐渐在黄河两岸定居下来,以自己的辛勤劳动,创造着历史和文明。那时候,妇女从事的采集经济比男子狩猎经济更为重要,是比较可靠的生活来源。妇女从事的活动,对维系氏族的生存起着重要的作用。因此,妇女在氏族内部的地位,比男子重要,成了氏族的主持者和领导者。这就是历史上的母系氏族社会。

半坡陶器上的人面鱼纹

　　从大量出土文物和材料可以看出,距今约七千年到四千年前的新石器时代,我国的历史,经历了母系氏族社会,父系氏族社会和氏族社会解体、阶级社会出现三个历史阶段。反映这三个历史阶段的文化遗迹,在全国都有发现,其中最为典型、最有代表性的,是仰韶文化、大汶口文化和龙山文化。

　　仰韶文化,是指距今 7000 年到 5000 年之间,我国母系氏族社会留下来的文化遗存的总称。它于 1921 年在河南渑池县仰韶村首次发现而得名。它的典型代表是 1953 年在西安市东郊半坡村所发现的遗址。

　　半坡遗址占地约 50000 平方米,可分为居住区、制陶区和墓葬区。居住区周围有深宽约五六米的大壕沟环绕。从遗址看,房屋大体上成为一个不规则的圆形,早期的房子是"半地穴式"的,后期的房屋则是地面上的木架结构。所有的房屋都有木柱的柱洞,有的还发现了柱础。屋顶和墙壁上都涂着草泥土,屋内地基经过压平,有的还在黄土里掺入红烧土末,或在表面上涂一层石灰质,看来是为了防潮。房屋中央或近门的地方,有一个灶坑。在房屋附近,有许多圆形的窖穴,口小底大,用来贮藏,可能是半坡人的公共仓库。

半坡居室遗址

居住区的北面是氏族的公共基地。从已经发掘的100多座成人墓来看,所有的墓葬都是男女分葬,其中71座有随葬的生活用品——陶器,女性墓的随葬品往往比男性墓多一些。这说明,这时一夫一妻的婚姻制度尚未形成,人们还过着尚不十分牢固的对偶婚制的生活,而妇女在社会中地位更加重要。孩子的墓就葬在房屋附近,用陶瓮作葬具。上面盖上陶盆,盆中央打了一个小孔。据推测,这是由于相信灵魂不死的半坡人,为死去的孩子的灵魂留下的一个出入孔道。

　　在半坡村出土的生产工具，都是用石、骨、陶片等制成，其中以农业生产工具居多，达735件。这种情况表明，农业生产已经是当时的经济基础了。在遗址中，还发现了芥菜籽、白菜籽、猪、狗、牛、马、羊和鸡的骨头，说明当时已经种植蔬菜、饲养家畜了。在遗址中还发现了许多网坠、鱼钩、鱼镖和箭头，说明渔猎在当时还占有重要地位。

　　从半坡出土的陶器来看，制陶业在当时已经相当发达。陶器的种类有汲水的、贮物的，做饭的；形状有圆底盆、葫芦瓶、大口瓮等。其中特别引人注意的是大量彩陶制品的出现。其中一些上面绘有彩色的各种几何形图案和动物形象，纯朴逼真。半坡陶器上的刻画符号，可能是数字记号，也可能是最原始的文字。

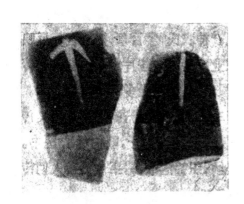

半坡陶器刻画符号

　　大汶口和龙山文化，比半坡文化又有了明显的进步。龙山文化中，出现了发达的耕锄农业，家畜种类更多了，畜群也扩大了。陶器生产无论从数量和质量上也都提高了。更重要的是，龙山文化的后期出现了红铜工具，铜器时代的序幕拉开了。

　　大汶口文化很可能是母权制向父权制的过渡时期，而到了龙山文化时期,父权制已经明显确立。在大汶口文化中,出现了男女合葬墓,都是男子居中,女子仰身或侧身放置一旁,象征着男女不平等的社会现象已经出现。表明贫富分化的大、中、小墓葬也出现了,有的大墓内,随葬品多达160多件,包括精美的玉石、牙雕和各种装饰品,有的小墓内则一无所有。这说明,私有财产出现了,延续了数万年之久的氏族社会开始瓦解,一个新的社会制度——奴隶制将要诞生了。

"诸子百家"和"百家争鸣"

春秋战国时期,铁制生产工具被广泛使用,生产力有了很大发展,引起了生产关系和阶级关系的急剧变化。这种剧烈的社会变革,反映在意识领域里,就出现了群星灿烂的"诸子百家"和错综复杂的"百家争鸣"的盛况。

"诸子"是指春秋战国时期反映各阶级、阶层利益的思想家及其著作。"百家"是表示著名的思想家很多。"百家争鸣"则是指各家互相驳难、互相论辩的异常生动活跃的局面。

被历史上称为"诸子百家"中包括了儒、道、墨、法、名、阴阳、杂、农、小说、纵横、兵、杨朱等家。其中,除了孔子和儒家以外,以道、墨、法、名等几家对后世影响较大。

道家,是以主张精神性的"道"生万物而闻名于世的客观唯心主义学派。它的创始人是春秋时期的老聃。后期的主要代表人物是战国时期的庄周。他们的代表作是《老子》和《庄子》。《老子》的思想成就,主要是它所阐述的辩证法思想。《老子》提出,祸福、强弱、贵贱、胜败、刚柔、智愚等等,既是对立的,又是统一的,而且随着事物矛盾双方的发展,可以向相反的方向转化。这些朴素辩证法思想,在中国哲学史上有着重要地位,在人类认识史上,也是一个重大的发展。

墨家,是生在春秋战国之交的墨翟所创立的一个学派。墨子自称"贱人",可能出身于手工业劳动者,当过木

《孙子·虚实篇》

匠,他的技术和鲁班齐名。墨家的学说有手工业劳动者的特点。在认识论上,墨家强调实践,属于唯物论范畴。在方法论上,墨家提出了举世闻名的"三表法",即判断是非、真假的标准和方法:一要根据事物过去发展的历史;二要根据个人和人民群众的亲身经验;三要看是否符合"国家百姓人民之利"。墨家是先秦诸子中最重视自然科学的一个学派。《墨经》一书中保存了不少自然科学的成就记录。

老子

法家,是讲法治的一个思想派别。前期以李悝为代表,后期以韩非为代表。李悝提出了用法律保护地主阶级私有制,维护封建制度的观点。韩非集法家的大成,提出了一套加强封建专制主义的"法、术、势"相结合的理论和手法。"法"是指严刑峻法;"术"是指帝王驭下之术;"势"是指由帝王独掌权力所造成的威势。它反映了封建统治阶级上升时期的政治要求。

荀子

其他各家在自己所论述的思想领域,也都达到了当时第一流的水平。例如,名家研究了名和实,具体和抽象,个别和一般的关系,提出了闻名于世的"白马非马",即个别不能等于一般的论点。他们的名实之辩,不仅研究了概念和存在的关系,而且提出了逻辑学中的重要问题,在中国思想史上有不小的贡献。阴阳家提出了金、木、水、火、土之间,相生相克,构成了正在变

墨子

化着的世界,也是属于唯物论的范畴。兵家,是研究军事理论和学说的,在战争频繁的春秋战国时期,受到重视,对后世也有很大影响。《孙子兵法》《孙膑兵法》两书中所阐述的军事理论,不仅在我国,而且在世界,都

享有很大的声誉。

先秦各家之间，互相对立，互相驳难。比如，春秋末期，儒墨两家之间互相论战，犹如水火。到了战国时期，儒、道、法、墨之间，又展开了激烈的论战。但是，各家在争鸣过程中，又互相补充，甚至互相融合。比如，老子首先提出了抽象的"道"是万物的本源的观点，片面强调了抽象思维的作用，墨子就特别强调经验，而补充了老子论点的不足。老子

韩非子

强调无为而治，忽视了人的主观能动性，儒家纠正了老子这一弱点，但到了孟子又过分强调了人的主观能动性，陷入了主观唯心主义。荀子则批判地吸收了孟子的重视人的主观作用的思想，继承了历史上的唯物主义传统，形成了他的唯物主义思想体系。

即使一"家"之间，不同的思想家也有很大差别。比如，同属儒家的孟子是唯心主义者，而荀子则是唯物主义者，而同属道家的老子、庄子和宋钘、尹文，前两人持唯心主义论点，后两人则持唯物主义论点。

"诸子百家"并不是一"家"代表一个阶级，更不能用"儒法斗争"的公式去简单概括他们之间的论争。"百家争鸣"在我国的学术思想史上，写有光辉的篇章，也对整个人类学术文化的发展做出了重要的贡献。

四千年历史的记录——《二十四史》

从前，每当人们问起一件非常复杂，一时难以说清的问题，常常会听到这样的回答："一部《二十四史》不知从何说起。"

所谓《二十四史》，是我国封建社会产生的二十四部历史书籍的统称。

我国是世界上最重视历史的国家之一。我国有着忠实记载历史的优良传统，这种传统使得我国在几千年来能够保存下大量的历史资料，史料之丰富是世界上任何一个国家所不能媲美的。这部《二十四史》，就是从汉武帝时起，到清朝乾隆年间止，经过历代史学家们编著积累而成的。

唐朝以前，通常把司马迁的《史记》、班固的《汉书》和范晔的《后汉书》，合称为《三史》。后来，加上陈寿的《三国志》，称为《四史》，又叫《前四史》。到了北宋时期，加上《晋书》《宋书》《南齐书》《梁书》《陈书》《魏书》《北齐书》《周书》《隋书》《南史》《北史》《新唐书》《新五代史》等十三部书，合称《十七史》。明朝增加了《宋史》《辽史》《金史》和《元史》，称为《二十一史》。1739年（清乾隆四年），《明史》修成后，再加上《旧唐书》《旧五代史》，经过清朝皇帝的钦定作为正史，这才合称《二十四史》。

这套史书，总共3249卷，约有4000万字。它记叙的时间，从第一部《史记》记叙传说中的黄帝起，到最后一部《明史》记叙到明崇祯十七年（1644年）止，前后历时4000多年，可以说是我国的一部比较完整、系统的"编年大事记"。

《二十四史》的内容非常丰富，它包含着大量的历史资料。就《史记》来说，它记载了从五帝到汉代的史实。其中包括本纪、世家、列传、书和

表五个部分,这也可以说是我国史学上的五种撰写体裁。"本纪"是记叙帝王的事迹;"世家"是写诸侯或贵族的生平;"列传"是叙述一些官僚、士大夫和被重视的人物的传记;"书"是专门记载政治、经济、地理的状况和各项典章制度;"表"是用表格形式来归纳、说明问题的全貌。这些体裁互相间起着补充的作用。后来写史的人多学习司马迁的先例,不过,有的把"世家"减去,把"书"改为"志",这叫做"表志纪传体",《汉书》就是这样。《汉书》里增加了"艺文志",介绍前代和当代流传的著述,说明学术的源流,这种体裁给后来各史开了先例。不过有的把"艺文志"改为"经籍志"。

《二十四史》不仅记载了历代经济、政治、文化艺术和科学技术等各方面的事迹,而且还曲折地反映了社会的阶级斗争和人民的一部分真实生活情况;有关统治阶级内部矛盾的材料,更是触目皆是。

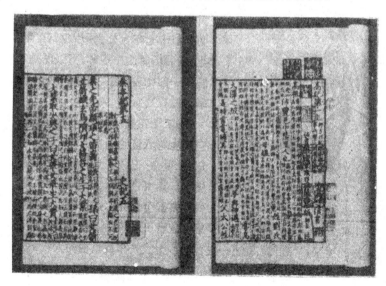

《史记》

《二十四史》虽然具有上述许多优点,但是都是出自封建史学家之手,存在很多问题。从隋文帝杨坚禁止私人修史以后,史书的编写完全由官府掌握。朝廷设官修史,一般都由当朝宰相监修。因此,歌颂帝王的文治武功,抹煞人民的作用和成就,歪曲阶级斗争的事实真相,丑化农民起义领袖的形象,用封建道德标准来褒贬人物等,比比皆是。历代的封建王朝,都妄图用修史来巩固自己的统治。《二十四史》里的史料,是被封建统治阶级挑选过的,有的甚至经过歪曲和篡改。我们今天利用这些材料的时候,必须谨慎,要加以分析和批判。

此外,在1920年,柯劭忞撰写的《新元史》写成,共257卷,它对《元史》有许多补正。1927年,赵尔巽主编的《清史稿》(共536卷)完成,人们把这部书看作是《二十四史》的延续。

我国古代文学艺术巡礼

中华民族在漫长的岁月里，创造了灿烂的古代文化。走进这座无比辉煌的艺术大厦，你会骄傲地感觉到，中国古代文化丰富多彩、源远流长，可与世界上任何一个文明古国媲美，许多方面都取得了独特的成就。

从地下挖掘的大量的陶器和石器来看，我国史前时期的仰韶文化和龙山文化就已经相当可观了。1973年青海省大通县孙家寨新石器时代墓穴中出土的一个舞蹈纹彩陶盆，就说明了这一点。盆内四周画着三组舞蹈人物，每组五人，手拉手地围绕盆沿形成一个圆圈。这一最早的艺术作品，不仅生动地再现了上古时代人们劳动之余的娱乐场面，同时也表明了当时绘画和舞蹈的水平，只可惜画面传达不了那时粗犷质朴的歌声。

东汉说唱俑

在文学百花园中的上古神话，作为氏族社会的传说，保持着永恒的魅力。其中大量的关于大自然的神话和英雄人物的故事，充满着浪漫主义的丰富幻想，表现了古代人民战胜自然和邪恶的磅礴气势以及他们的优美感情。可以说，古代神话传说是我国古典文学的源头。

我国的诗歌，就其作品的丰富、艺术成就的辉煌和诗人的众多来说，在世界文学史上占有突出的地位。继《诗经》《楚辞》之后，汉代的乐府民歌,魏晋南北朝的五言诗,唐代的近体律诗,以及宋代的词和元代的曲,既相继承而又各有创新,像长江大河一样波涌连天地向前发展,现实主义、浪漫主义的优秀传统一直贯彻始终。诗坛上的巨星也数以千计,如屈原、三曹父子、陶渊明、李白、杜甫、白居易、苏轼、辛弃疾、陆游、李清照、马致远、白朴等,代不乏人。中国诗歌讲求意境和韵律,富有绘画美和音乐美,具有撼人心弦的激情,更为全世界所称羡。

我国的散文,秦汉以前大都是和历史、哲学结合在一起的。先秦散文有历史散文和诸子散文之分。由于那时还没有传统思想和传统艺术形式的束缚,先秦散文以无比丰富的思想和瑰丽的文采,奠定了中国封建社会文化的基础,

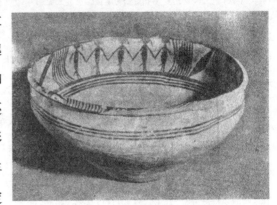

孙家寨出土的舞蹈纹彩陶盆

为后世的文学留下了光辉的典范。汉代的司马迁,既是伟大的历史学家,又是伟大的文学家,他的不朽巨著《史记》,对后来的散文家、小说家都有极深的影响。魏晋时代的骈赋,虽然过分追求声律对偶,有形式主义的弊病,但也不乏文情并茂之作。唐代韩愈、柳宗元开创的古文运动,经宋代欧阳修等人的推动,成为一股文学革命的潮流,对我国散文的发展有着巨大的贡献。唐宋八大家以及明清的散文大家,业绩卓著,留下了大量的不朽名作。

唐宋以后由于城市的繁荣,小说、戏剧崛起。元代的杂剧和明清两朝的传奇、戏曲,是中国古典戏剧的高峰。关汉卿、汤显祖的作品,具有

深厚的人民性和高度的艺术成就。著名的《西厢记》《窦娥冤》和《牡丹亭》，是中国戏剧史上三颗夺目的明珠。

中国小说的渊源甚远。发展到唐传奇和宋话本已粗具规模。到了明清两代完全成熟。著名的短篇小说有"三言二拍"、《聊斋志异》等，著名的长篇小说有《三国演义》《水浒》《西游记》等。清代的曹雪芹，以深刻入微的观察和初步的民主主义思想，写出了巨著《红楼梦》。

明刊本《西厢记》插图

中国古代音乐有独特的风格。殷周时代，奴隶主贵族们为了祭祀和享乐，庙堂和宫廷的音乐极为发达。文献中关于"恒舞于宫，酣歌于室"的描述就是明证。从殷墟中出土的大石磬，音律准确，音色雄浑，听了它的声音，我们还能依稀感到当日演奏时那种庄严肃穆的气氛。从1978年出土的楚地编钟来看，到了战国时代，音乐的成就已经非常高了。我国封建社会的音乐，纯属汉民族的乐器，有钟、鼓、箫、笛、笙、篪、琴、瑟等；汉代以后，少数民族的乐曲如箜篌、琵琶、方响、拍板、阮咸、铜钹、羯鼓、云锣、胡琴等乐器，都先后传入中原，深受内地各阶层人士的欢迎。随着少数民族音乐的传入，少数民族的舞蹈也传入了。唐玄宗时，音乐和歌舞的伎师与伶人在万人以上，可见当时音乐歌舞的兴盛。宋元以后，民间创造了一种"诨唱"的形式，从此音乐又与说唱、戏剧合流，元有南曲、北曲之分，明有昆曲，清有京剧。除此之外，又在民间演唱的基础上形成了各种不同风格的地方戏曲。

我国古代的绘画艺术是座艺术宝库。长沙马王堆一号汉墓出土的 2000 多年前的彩绘帛画，不论人物刻画，还是构图设色，都达到了很高的造诣。汉代的绘画，线条准确简练，且富于艺术幻想。魏晋时代，由于佛教的传入，以宗教为题材的绘画艺术兴起。四大石窟中保存下来的大量壁画，就有许多是出自魏晋时代画工的手笔。时至唐宋，绘画题材空前地扩

清·郑燮《风竹图》

大，举凡人物、花鸟、山川、宫廷以至于市井生活，无不可以入画。著名的《千里江山图》《清明上河图》，就以前所未有的气魄，表现了祖国山川的壮美和城镇生活的繁荣。元明清三代的绘画，一方面由于文人习气的影响，另一方面由于统治者的文化禁锢，绘画多以山水、花鸟为主，但也不乏佳作。历代的绘画大师，诸如顾恺之、阎立本、吴道子、李思训、郭熙、张择端、赵佶、沈周、徐渭、郑燮等的杰作，生动地说明了中国古代绘画的成就。中国绘画以墨线为主的表现方法，绘画同诗词、书法、印章的有机结合，在世界画苑中独树一帜。

我国的雕塑艺术,也是世界驰名的。1974年在秦始皇陵东侧发掘出的数以千计的兵俑和陶马,形态酷似实体,逼真传神。魏晋以后,为了塑造佛法弥天的神,多在写实的基础上,加以大胆的幻想和夸张。自北魏起,我们的祖先在云冈、龙门、麦积山、敦煌等地的石窟中,留下了数以万计的石雕和泥塑佛像。宋代以后,塑造佛像主要转向木雕、泥塑、铜铸、玉雕和铁像等。河北正定龙兴寺的铜造观音大立像和大塑佛,表现出雄伟的气派。

中国古代文学艺术的光辉成就,生动地反映了各个时代的社会生活,表现了人们的思想情绪,体现了无数作者的丰富智慧和攀登艺术高峰的顽强毅力。因而所有文学和艺术的杰作,都可视为中国人民伟大民族性格的象征。我们可以毫无愧色地说,中国人民对于人类文明的开发和创建之功是不朽的。

瑰丽多姿的古代神话

　　中国远古的神话故事，大都是原始社会劳动人民集体的创作，在有文字以前，就广泛地在人们的口头上流传，并且使故事的内容逐渐复杂化和系统化。

　　中国古代的神话故事，在《山海经》《淮南子》和《楚辞》中保存得较多，在《穆天子传》《庄子》《国语》《左传》等一些古籍中，也都有片段的记载。它们以神奇壮美、绚丽多变的想象，反映了中国远古社会丰富多彩的历史内容。其中有表达改造自然的坚韧意志的《愚公移山》《夸父追日》；有反映征服自然的伟大力量的《女娲补天》《盘古开天地》；有表现宁死不屈斗争精神的《精卫填海》《刑天舞干戚》；有歌颂为人民谋利益，甘于自我牺牲的《鲧禹治水》《神农尝药》；也有表现爱情生活的《牛郎织女》等等。这些美丽动人的神话，不仅是反映人们对自然现象的解释，更多的是体现人们借助想象征服自然的愿望。例如挖山不止的愚公和化为飞鸟、衔石填海的精卫，他们的力量虽小，然而在"世上无难事，只怕有心人"这一至理面

长沙马王堆一号汉墓出土的帛画，上段画了古代神话故事（摹本）

前,却是人类以坚韧的意志改造自然的一曲优美的赞歌。

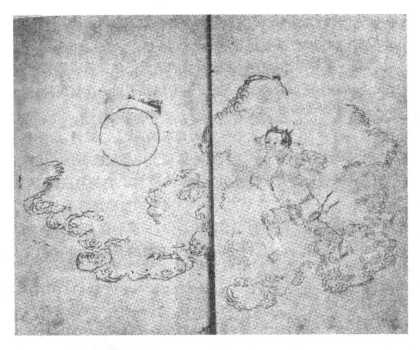

《山海经》插图：夸父追日

《山海经·海外西经》中描写断了头的刑天仍然操着盾牌和斧子,英勇地反抗暴虐的统治者,表现了被压迫者顽强不屈的反抗精神,这也是中国古代神话经常反映的主题。

中国古代神话表现了人类童年的天真本质,给人以鼓舞,启发和促进人们把神奇的想象变为坚实的现实,体现了中华民族祖先的优秀品质。中国古代神话也是我国浪漫主义文学的萌芽。它的夸张的手法,新奇奔放的想象,不朽的艺术魅力,对中国文学的发展影响很大。屈原的《楚辞》,庄子的散文,陶渊明和李白的诗作,长篇小说《西游记》和鲁迅的《故事新编》等,都从古代神话中吸取了有益的养分,为中国的文学做出了贡献。

《诗经》

  《诗经》是周初(公元前 11 世纪)到春秋中期(公元前六七世纪)产生的一部诗歌总集,它大约是在公元前 6 世纪时编定的,共收诗 305 篇,包括《国风》《小雅》《大雅》《颂》四个部分。这是世界上最早出现的一部优秀的诗歌总集。

  《大雅》和《颂》中,有一部分是西周初年之作。《大雅》里有几首是叙述周部族的兴起和壮大的史诗,其中《生民》《公刘》《绵》等篇,都忠实地记录了我国古代人民和自然作斗争、艰苦创业的部分史实。

  《大雅》和《小雅》中有很多怨刺时政的诗。例如《大雅》里的《民劳》,发出这样的呼声:"民亦劳止,汔可小康。"这是最早的"为民请命"。《小雅·节南山》指责周王委政小人:"不自为政,卒劳百姓。"诗中还沉痛地质问周王:"国既卒斩,何用不监(国家将要灭亡,为什么不睁眼看看)。"

  这些诗的写作目的都是指陈时弊,发抒感慨,希望引起统治者注意。它们都出于文人之手,文字比较古奥难懂。时代较

《诗经》插图

晚的《国风》里面的这类诗,有的出于民间。例如《魏风·伐檀》的"不稼不穑,胡取禾三百廛兮?不狩不猎,胡瞻尔庭有悬貊兮?"揭露了奴隶主贵族不劳而获的剥削本质。《魏风·硕鼠》的"硕鼠硕鼠,无食我黍!三岁贯女(汝),莫我肯顾。逝将去女,适彼乐土",写出不堪忍受统治者的剥削,要逃亡他乡。这些诗都写得很深刻,文字也较浅近。

《国风》里写爱情和婚姻题材的诗很多。那些爱情诗有一个很重要的特色,就是具有刚健清新的民歌风格。其中有一些本来就是人民中间产生的;有的虽然出于比较上层的社会,但也受了民歌很深的影响。它们写相思时不沉溺于写缠绵悱恻之情,写欢乐时没有轻佻的词意,使人感到很真挚、朴素、纯正;它们并没有故作矜持,而是从字里行间自然地流露出一种高尚的优美的意趣和感情,使得这些作品具有一种自然的风韵。我们读《汉广》《野有死麕》《静女》《蒛兮》《褰裳》《风雨》《子衿》等等,都可以感到这些特色。《诗经》中写婚姻的诗,著名的有《谷风》和《氓》。这两首诗以叙事为主,内容描写两个被遗弃的妇女痛苦地回忆过去的婚姻和家庭生活,《氓》写得尤为细腻。

《诗经》中的诗,题材丰富多样。例如《燕燕》写的是送别,《河广》写的是思归,《十亩之间》写的是采桑,《斯干》写的是宫室建筑,《无羊》写的是放牧牛羊,《伯兮》《君子于役》写的是征妇之思,《东山》《采薇》写的是出征远归等等,都是很佳妙的篇章。

中国古代音乐

我国的音乐文化具有悠久而丰富的历史。在文献记载中保存的大量远古音乐传说，虽然有一些后人附会的成分，但仍会使我们了解到古代人民音乐生活的踪迹。而考古发现的乐器实物，更能充分说明当时音乐文化高度发展的水平。近年在浙江河姆渡文化

商代石磬

遗址出土了几十支骨哨，它们是用兽的肢骨钻孔制成的，是后世笛箫类乐器的远祖，距今约有七千年。山西夏县东下冯遗址出土一件打制的石磬，悬挂起来敲击，能发出清脆悦耳的声音，距今约有 6000 年。陕西西安半坡遗址、山西万泉县荆村遗址、甘肃玉门火烧沟遗址，发现有圆形、椭圆形、鱼形等形状的陶埙，这是一种一音孔至三音孔的吹乐器。我们对它们进行吹奏测音，可以窥见四五千年前我国音阶、调式的萌芽及其发展。

还有一种为人们所熟悉的古代乐器——编钟。据《吕氏春秋》《山海经》等书的记载，传说钟是由垂、鼓、延、伶伦所创制的，这个说法当然无从考证，但说明它的历史是很久远的。目前发现年代最早的编钟，是1954年在陕西省长安县普渡村长田（音和）墓出土大小三件一组的编钟，

是西周中期的制品。它已是依一定音阶组成的旋律乐器。近年在陕西、河南、安徽、湖北、四川、山东、河北等地都曾出土有西周晚期至战国以来的编钟，其数目逐渐增多，由 9 件、11 件、13 件、14 件组成。有的音高相当准确，可构成完整的 5 声音阶、6 声音阶或 7 声音阶。

曾侯乙墓出土的编钟

我们以 1957 年河南信阳战国楚墓出土的荆历编钟和 1978 年湖北随县曾侯乙墓出土的编钟为例详细介绍一下。信阳出土的编钟一共 13 件，每件钟都镂刻有精美的图案花纹。最大的钟上有铭文 12 个字，根据其形制和铭文，考古学家们断定它是春秋晚期或战国早期铸造的，并以铭文中出现的人名二字命名。这套编钟保存完好，不仅没有伤痕，连一点多年侵蚀的锈片也没有，钟体上闪着略呈黑色的铜质光泽。最大的一件重4.36 千克，高 30.2 厘米，最小的重 0.398 千克，高 12.93 厘米。它们按其大小依次安置在雕有花纹的钟架上，钟架高 80.7 厘米。古代乐工席地而坐或跪在地上敲击。今天，我们可以用它来演奏完整的六声音阶民歌或伴奏歌舞。

唐壁画：坐部伎演奏图

湖北随县曾侯乙墓出土的编钟则更令人惊叹！它共65件，分三层悬挂在满饰彩绘花纹的铜木结构的钟架上，每层的立柱是一个青铜佩剑武士。它们的形体和重量是上层最小，中层次之，下层最大。最小的一件重2.4千克，高20.2厘米，最大的一件重203.6千克，高153.4厘米。它们的总重量在2500千克以上。钟架通长11.83米，高达2.73米。气魄甚大，场面相当壮观！这座墓的下葬年代为公元前433年，距今两千四百余年。出土时，钟架旁还有演奏工具：6个丁字形木槌和2根彩绘长木棒。它的出土已引起国内外的重视，被认为是世界音乐史上的重大发现！

这套编钟的音乐性能良好，音色优美，其演奏曲调的主要部分中层甬钟，12个半音具备，可以旋宫转调。总音域跨越5个八度以上。其音阶结构与现代国际通用的C大调七声音阶同一音列。在北京中国历史博物馆展出时，由6位青年男女同时演奏，可以演奏古今中外的乐曲，如日本的《樱花》、中国现代乐曲《草原上》、根据古代曲调改编的《朝乐》《楚商》等。演奏起来，中上层的钮钟和甬钟悠扬嘹亮，下层甬钟深沉宏大。此起彼伏的钟声构成优美的乐曲，在人的耳边环绕回荡，令人振奋。外国朋友欣赏这套珍贵文物时，赞叹道："只有在中国才能欣赏到两千年前的古乐器演奏的乐曲，这是世界音乐史上的奇迹。"

与这套编钟同时出土的，还有石制编磬和笙、篪（chí迟）、排箫、十弦琴、五弦琴、瑟、建鼓等竹木制乐器，制作都很精美。编钟、编磬上都刻有铭文，是我们研究古代乐律学的珍贵材料。曾侯乙墓乐器的发掘，在我们面前展现了一座地下音乐宝库！它反映了战国时期我国音乐理论和实践所取得的辉煌成就。

精美绝伦的工艺美术

人们常常用"精美绝伦""巧夺天工""天衣无缝""独一无二"……这些美好的词汇,来形容中国的工艺美术。是的,我国的工艺美术有着悠久而光辉灿烂的历史传统,很久以来就有"工艺之国"的誉称。我们的祖先在漫长的历史进程中,利用和改造大自然的赐予,无论是石头、泥土、骨牙、竹木,或是金属、琉璃……都可以就地取材、因材施艺,创造出满足人们物质和文化生活需要的工艺美术作品。

东汉铜奔马

早在六七千年前,我国新石器时代仰韶文化时期,人们就用泥条盘垒成各种用途、形状的生活器皿,然后用火烧成陶器。原始手工艺术家在设计、制作这些陶器——特别是那些经过装饰的各种类型的"彩陶"时,充满了朴实而健美的艺术感情,因而这些作品不仅功能合理,而且有着动人的质朴的风格,是我国美学史上最早最完整的工艺美术品的典范。

到了商代,我国人民已经熟练地掌握了金属
工艺技术——青铜的冶炼、合金、成型铸造等,于
是出现了闻名于世的青铜艺术。考古学家为我
们提供了数以万计的青铜工艺品。当我们参观
博物馆,站在这些青铜工艺品面前,往往有一种
凝重的磅礴的气势感染着我们。那敦厚而挺丽
的造型,一丝不苟、多层次的浮雕式铸花装饰,仿
佛有一种吸引力,使人流连忘返。这是手工业劳动
者们的伟大创造,也是他们的血汗和生命的结晶。

西汉博山炉

中国封建社会的工艺美术,是我国古代灿烂
文化的重要内容之一。举凡人民生活的衣、食、住、行、用各个领域,都成
为工艺美术的用武之地,成就也是多方面的:由陶到瓷的过渡的完成;传
统青铜工艺的普及;新兴铁工艺的广泛应用;金银细工的发展;漆工艺的
高度技艺成就;雕塑工艺的全面开花;丝织工艺的国际声誉,等等。下面
略举几例。

关于玉雕工艺:相传2700多年前,有
一位经验丰富的识玉者,名叫卞和。有一
天,他在深山峡谷发现了一块石头。他断
定这是一块难得的璞玉,如果能剖开它,一
定可以做成稀世的玉雕工艺品,于是他将
璞玉献给了厉王。谁知厉王听信了庸才的
意见,说这不过是一块普通的石头。这样
一来,卞和的贡献非但没有被接受,反而根
据当时的法规,以"欺君之罪"先后被断掉

唐舞马衔杯纹皮囊式银壶

左足和右足。这不幸和不公平的遭遇,使卞和万分伤心。他伤心的不是自己断了足,而是竟没有人识得这块璞玉。后来文王即位,他命令玉工们花了很大力气切开璞玉。啊,石头里面果然是一块璀璨瑰宝。文王用这块宝玉做了一件精美绝伦的玉雕工艺品——玉璧,并命名为"和氏璧"。这就是中国工艺美术史上"和氏璧价值连城"的故事。

关于丝织工艺:汉武帝派遣张骞出使西域,开辟了"丝绸之路"。经过这条通路,中国丝织工艺品由东方传到西方,直到地中海东岸。地中海沿岸的古罗马人非常喜爱东方"赛里斯(丝)国"的丝织品,他们不惜以贵重的黄金,并辗转经过波斯商人,与东方赛里斯(中国)交换丝绸织绣。汉代丝织品为什么会有这样大的吸引力呢?根据在古丝绸之路上的新疆一带出土的实物资

古丝绸残片

料,特别是湖南长沙马王堆汉墓出土的丝织刺绣作品,不难看出:汉代丝绸不仅质地柔软、光泽、细润,便于衣着,而且讲究美术效果。很多作品图案花纹疏密有致,色彩绚丽,虽然经过两千年的地下埋藏,今天看来,仍不失为美丽动人的衣饰。

关于陶瓷工艺:明、清两代是中国陶瓷美术史上技艺成就最高的百花争妍时期,尤其是色釉和彩绘,不仅品种繁多,而且技艺上有"巧夺天工"之妙。例如,青釉瓷可以烧出"如玉如冰"的质感和色彩感,又可以烧出雨过天晴的瓷色。16世纪晚期,在法国作家杜夫尔的一部传奇歌剧中,有一位牧羊人名叫雪拉冬。他穿着一身美丽的青色衣裳,给人们留下难忘的印象。恰在此时,中国浙江省龙泉青瓷首次传到法国,人们爱不释手,那清莹透润的青釉,与雪拉冬的青色衣裳,都同样迷住了爱美的

法国人。于是，人们便将这两个美好的事物联在一起，风趣地用"雪拉冬"这个名字来称呼、赞美中国的龙泉瓷色。

我国人民创造的工艺品，丰富多彩，既好用又好看，是人类物质文化史上的瑰宝。

动人心弦的中国杂技

中国上古时代的角抵戏，就是最早的杂技。相传人们跳舞的时候，身披兽皮，头上戴着尖锐的牛角，三三两两，成群结队，在战鼓中互相抵触，作战斗的表演。又有一种拟兽舞，拟兽的装扮，恐怖的怪面，狂噪的叫喊，威吓的动作，都是原始时代狩猎搏斗的摹写。这些都是我国古代舞蹈、杂技、戏剧的最初的一页。

汉代石刻画像：角抵戏

时至周秦，角抵戏又逐渐演变为两人表演的角力，可称为今日"相扑"或摔跤的雏形。后来角抵戏又演变为宫廷娱乐和民间的体育活动，具有了表演的性质。

到了汉代，随着疆域的扩大，商业交通的发达，从西域传入了新的技艺，更加丰富了我国杂技的内容。元封六年（公元前105年）夏，京师人民在上林平乐馆观看角抵戏，张衡作《西京赋》生动地记载了那动人的场面。其节目种类有角力、竞技、假面戏、化装歌舞、斗兽和大型魔术表演等。

汉墓壁画：乐舞百戏

　　见之于文字的记载如此，在出土的文物中更可以找到实物的证据。有关角力、竞技、戏兽、骑马的表演，在汉代石刻画像中都得到了真实生动的反映。其中以沂南画像所表现的杂技表演最为可观。画像从左至右可分为四部分，杂技演出成为主要内容：第一部分是表演"跳丸弄剑"和"载竿"节目的；第二部分是乐队；第三部分是"刀山走索"和"鱼龙曼衍"之戏；第四部分是"马戏"和"鼓车"表演。其中一人额上顶着一根十字形的长竿，横木的两端有两个小女孩正在作惊险的表演，竿的顶端上有一圆盘，一个小孩腹部紧贴圆盘旋转。顶竿的后面，有一个赤身长髯的人，在飞舞四把短剑，另有一人正在舞弄两根长竿，身旁还放置五个圆球。汉代的石刻画像，让我们更直观地看到了中国古代杂技、马戏艺术的卓越成就。

　　唐代是我国封建社会的鼎盛时期。随着经济文化的高度发展，杂技也得到了空前的发展。唐玄宗本人就是一个艺术家,他善音律,又会演奏羯鼓。每逢生日饮宴,就在兴庆宫勤政楼前举行盛大的音乐、歌舞、杂技表演。《唐诗纪事》就曾记载当时杂技表演的动人情景:有一个称王大娘的女子,额头上顶着百尺长竿,竿上再顶着一座木山,形状像传说中的瀛洲方丈。有一小孩手拿着符节,在木山上唱歌跳舞。《封氏闻见记》一书也有一段关于绳技的精彩描写:表演者将绳子两端系在滑轮上,用数丈高的柱子撑起,绳直如弓弦。然后表演的女伎自绳端而上,她们走在一条细细的绳子上,动作自如,好像翩翩起舞的仙子。有时两人侧身而过,有时从容地做着各种动作,又有时在表演者的肩上再登上三四重人,忽然翻倒,但竟没有一个人跌下来,而且她们的动作又都恰合着音乐的节拍。今天舞台上表演的"走钢丝",能有昔日的惊险动人吗?

西汉乐舞杂技陶俑群

宋代城市更为繁荣,每逢佳节盛日,诸般技艺,令人神往。这一时期,城市里出现了"勾栏""瓦子",都是表演各种技艺的场所。南宋京城杭州就有勾栏、瓦子二三十座之多。后来由于曲艺、戏剧的兴起,逐步代替了杂技的地位,杂技又回到了民间。民间杂技艺人时称"路岐人",他们拖儿带女,走街穿巷,生活是很苦的。但由此也使其艺术分工更趋细密。明清时代杂技艺人各有师承，走上了各自独立发展的道路。

杂技艺术是我国劳动人民智慧的结晶。但在旧社会，杂技艺人却生活在最底层，长期受尽了煎熬，因而每个杂技节目又都浸透了他们的血和泪。新中国成立以后，杂技艺人才得到了新生，辈辈相传的技艺才有可能得到整理和发展。

世界上最大的古代百科全书——《永乐大典》

　　《永乐大典》是 500 多年前,明永乐六年(1408 年)完成的一部百科全书式的大型类书。因完成于永乐年间,所以被定名为《永乐大典》。它不仅是我国文化史上最早、最大的一部百科全书,而且是迄今为止世界上最大的古代百科全书。

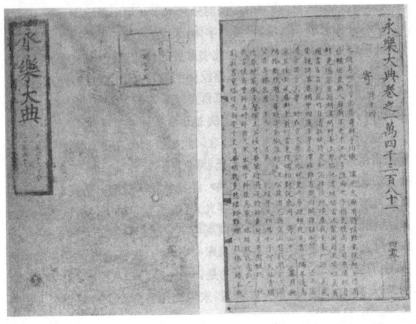

《永乐大典》

　　《永乐大典》辑古书七八千种,上自先秦,下至明朝,旁搜博采,汇集了当时的天下群书。其中包括经、史、子、集、释藏、道经、医药、戏剧、平话、工技、农艺等。全书共 22877 卷,凡例、目录 60 卷,装订成 11095 册,

3.7 亿字。以解缙为首的参加编辑、篡写、圈点工作的文人竟达 3000 多人，前后用了 5 年的时间。编辑规模如此庞大，书中内容如此浩繁，这在世界文化史上是罕见的。全书编排体例以《洪武正韵》为纲，按韵分列单字。每一单字下详细注明音韵训释，并备录篆、隶、楷、草各种字体。天文、地理、人事、名物、诗文词曲，甚至野史都随类依次收载。此书重要的价值在于所辑录的书籍一字不差。全部照原著整部、整篇、整段分别编入，因此它完整地保存了许多宋、元以前散佚的古典文献。200 多年后，清朝乾隆年间篡修《四库全书》时，仍从《永乐大典》中辑出佚书 500 多种。

　　《永乐大典》编成后，几遭劫难。此书最初藏在南京的文渊阁。北京皇宫落成后，《永乐大典》也北迁，藏于"文楼"内。1557 年，皇宫奉天门、三殿等处着火。《永乐大典》经抢救免于焚毁。后来，明世宗恐孤本再遭意外，便命徐阶等 109 人，用了 5 年时间，摹写了一部副本，从此正本和副本分别藏于文渊阁与皇史宬。明末，文渊阁被焚，正本被付之一炬。乾隆年间篡修《四库全书》时，仅存的副本由于官吏盗窃，缺了 2000 多卷。更令人愤慨的是，1900 年八国联军侵入北京，《永乐大典》惨遭浩劫，部分被焚毁，未毁的几乎全被侵略者劫走，运往英、美、法、日等国。

　　解放后，国家极为重视《永乐大典》的收集工作。经多方搜集整理，得到原本 200 多册，加上借钞本、复制本，合为 730 卷，1960 年由中华书局影印出版，改装成为 202 册，尽管只有原书的 3％ 了，但仍不失为古典文献的渊薮。

铁笔写春秋

（一）

现代京剧《林海雪原》中，侦察英雄杨子荣有一个著名唱段，叫《甘洒热血写春秋》。在这里，"春秋"是什么意思呢？

我们都知道，世界有四大文明古国，一个在非洲，分别是古埃及；三个在亚洲，分别是古巴比伦、古代印度和中国。为什么埃及、巴比伦和印度这三个国家的前边都要加一个"古"字呢？我想，那是为了说明它们不同于今天的埃及、伊拉克（古巴比伦在今天的伊拉克）和印度，或者说，今天这三个国家地区的人民是后来移居于这里的。四大文明古国中，只有我们中国，是四五千年一直延续下来的。还要特别提出的是，4000多年来，中国尽管出现过多次分裂局面，但统一却是发展的主流。而埃及、古巴比伦和印度则不同。古埃及、古巴比伦早就被异族灭亡；而印度大陆上，则几千年来基本上一直处于分裂状态，直到现代才形成统一国家。

中国不仅历史连续而悠久，而且是最早重视历史的国家。从公元前841年到今天，我国按年记载历史（编年纪事）始终未断，已经2800多年了！这在世界上是绝无仅有的！

古代许多历史学者或史官，具有正直、高尚的优良品质，甚至为了记载史实而不怕牺牲。公元前548年，齐国的大夫崔杼杀了齐君，执掌大权。负责国家历史的"太史"依法当着朝中大臣的面记下"崔杼弑（杀死）其君"这一事实。崔杼凶相毕露，当场杀死太史。太史的两位兄弟上殿，照样写下"崔杼弑其君"，一点也不怕，照样被崔杼杀死。太史的第三个，也就是最后一个兄弟上殿了，仍然照实记录。这种凛然正气震慑住了崔杼，不敢再杀了。他知道自己的罪恶将永远载入史册。有一位南史氏，听说太史兄弟被杀尽，就拿着竹简去继续写。半路上，听说这段历史已经写成，才转回家去。这种为维护历史的尊严而舍身殉职的精神，是多么难能可贵呀！

早在西周时期，我国就有了编年史，而到了春秋时期，文化比较发达的诸侯国，都有自己的史官记事。上面那位太史就是齐国的史官。各诸侯国的历史都有名字。晋国史叫《乘》，楚国史叫《梼杌》，最有名的还是文化发达的鲁国史——《春秋》。

《春秋》本来是鲁国史官记载的从公元前722年到公元前481年的本国以及其他国的历史。伟大的学者孔子对《春秋》加以编删，使它成为儒家的经典。所以后来，中国往往以《春秋》作为历史的代名词。本节开头提的"甘洒热血写春秋"，就是说，要以我们的满腔热血来书写历史。

在中华民族的光辉史册上，以满腔热血书写历史的伟大史学家还真不少呐！

（二）

中国封建时代历史学家的先驱，首推司马迁。

司马迁祖上就担任过史官。但是后来中断了。汉武帝时，他的父亲司马谈实现了承袭祖业的愿望，当上了太史令，也叫太史公，负责记载朝廷大事，管理文书。司马迁自幼受家庭影响，酷爱读书，刚刚10岁，就能诵读《左传》《国语》等历史典籍。年龄渐渐大了，他已不能满足于前人在书本上提供的学识了。每当有人问他是"何方人士"

司马迁

时,他总是自豪地说"山西龙门"。原来他的家乡在黄河龙门附近,他决心要做一条腾跃龙门的黄河金鲤鱼,而不甘心在下游随波逐流。

一天,司马谈高兴地对儿子说:"你已经熟读历史典籍,而且文笔流畅。为父准备向当今圣上保你做一名史官,也好承继祖业。"

没想到司马迁却说:"父亲大人,孩儿虽然读了不少书,可那都是前人留下的文字。而想要当一名称职的史官,还应该遍访名山大川,古代战场,采集丰富的野史,搜集民间传说。否则,只会踏着前人足迹,怎能成为一名优秀的史官呢?"

司马谈激动得连连点头说"好",当即决定,为儿子打点行装,支持他踏访大江南北。司马迁也为得到父亲的理解和支持而兴奋,准备开始他的"鲤鱼跃龙门"的行动了。

2000年前的徒步旅行是十分艰苦的——

他攀上九嶷山,在舜的墓前冥思;

他走近汨罗江,怀念爱国诗人屈原;

他访问会稽,听老人饶有兴味地讲述"卧薪尝胆"的故事;

他踏入大泽乡,听青年自豪地介绍陈胜、吴广"揭竿而起"的事迹。

他虚心地向农民、樵夫、猎户请教,诚恳地向文人、学子、乡官学习。渐渐地,不仅过去从书上读过的知识活了起来,而且过去那些好像只有骨架的历史人物,一个个变得血肉丰满、感情丰富,仿佛呼之欲出了。

更加可贵的是,司马迁通过深入民间踏访,了解了人民的爱与憎。他决心把人民尊敬的英雄写下来,加以表扬;也决心把人民痛恨的虎狼记下来,给以鞭答。

司马迁漫游归来,担任郎中,成为汉武帝的一名侍从。他曾奉命出使今天的四川、云南、贵州一带,安抚少数民族地区。司马谈死后,司马迁又担任了太史令。他除了要为汉武帝筹备祭祀天地、名山等工作外,以全部精力阅读和整理皇室的典籍藏书,悉心编撰《史记》。

就在他满怀信心地编史著书的时候，一个无比巨大的打击降临了。将军李陵在出征匈奴时，勇杀敌兵，但因救兵不到，战败投降了。司马迁和李陵并不是要好的朋友，但他认为李陵的失败有一定的客观原因，并在汉武帝面前谈了自己的看法。汉武帝正在气头上，认为司马迁为降将辩护，判了他死罪。

按当时的惯例，有两种情况可以免死，一是出钱赎罪，二是接受腐刑。后来司马迁下狱并遭受腐刑，身心受到极大摧残，真是愤不欲生。但他想到自己为之奋斗的事业尚未成功，想到历史上左丘明、孙膑等先贤，忍辱负重而获得最后成果的榜样，决心坚强地活下去，完成《史记》。他后来留下了这样的名言："人固有一死，或重于泰山，或轻于鸿毛。"

出狱后，又经过 8 年的发愤著述，终于写成了他的血汗结晶《史记》，这是我国第一部纪传体的通史，记述了从传说中的黄帝，直到汉武帝期间 3000 年的历史。

《史记》的体裁叫作纪传体。所谓"纪"也就是"本纪"，它是以帝王为中心的大事记，一共 12 篇；所谓"传"，也就是"列传"，它是一般历史人物的传记，一共 70 篇；还有 30 篇"世家"，是诸侯国和重要历史人物的历史和传记。以上共 112 篇，再加上 10 篇"表"（帝王将相的年表）、8 篇"书"（各种政治制度和科学技术的汇编）总共 130 篇，52 万多字。从此，纪传体成为整个封建时代各朝"正史"的范例，一直为历代史学家沿用。

由于司马迁游历各地，接触各阶层人士，自己又遭到封建统治者迫害，蒙受奇耻大辱，所以他在自己的史学著作中大胆地表达自己的"一家之言"，不以"圣人"的是非为标准，而按自己的独特标准来评论历史人物和事件。他的《史记》不仅写帝王将相、英雄豪杰的事迹，也写了医生、商人、刺客、游侠等下层人物的事迹。特别在记述农民起义时，把农民起义领袖陈胜列入诸侯、王的"世家"，把他的起义同商汤灭夏、武王伐纣相提并论。相反,对汉武帝,他却进行了谴责,揭露汉武帝晚年穷兵黩武、奢侈浪费给国家造成财政困难,又竭力搜刮老百姓的行为;还对汉武帝一味迷信,竟荒诞地梦想会见仙人进行了讽刺。

司马迁不仅是伟大的史学家,也是杰出的文学家。《史记》中的人物和事件,写得生动活泼,一个个人物活灵活现,呼之欲出,语言也精练形象,十分引人,真是优美的文学作品。

(三)

司马迁之后的著名史学家,还应提到班固和司马光,他们都有自己独到的贡献。

班固是东汉人,他的父亲班彪是东汉著名历史学家,曾接着司马迁的《史记》写了《史记后传》65 篇。班彪去世后,班固决心继承父志,撰写西汉的历史《汉书》。可是,他竟遭到诬告,因"私改国史"的罪名被投入监狱。汉明帝看了他写的书稿,很赞赏他的才华,就把他释放,以便继续完成写作。

经过 20 多年的辛勤劳动,81 万字的《汉书》100 卷问世了。只是班固去世时,8"表"和《天文志》还没有完成。他那富有才华的妹妹班昭完成了 8"表",《天文志》由妹夫补写完成。

班固继承了司马迁的纪传体,并且进行了发挥。班固的主要贡献在于,他创立了"断代史"的新体裁——也就是将一朝一代的历史内容更详备地保存下来,这是对我国古代史学发展的重大贡献。《汉书》记述的正是从汉高祖刘邦到王莽的 230 年西汉历史。从此,每个朝代的历史,都由下一个朝代的史学家编写完成。自《史记》《汉书》始,一直到清朝史学家写的《明史》止,我国的正史一共有 24 史。

《汉书》的一大贡献是创立了 10"志"。10"志"取法于《史记》的 8"书",但对 8"书"重新进行了更为科学的组合,并且补充了大量史料,规模更加宏大,内容也更充实,其中《艺文志》《五行志》《刑法志》《地理志》4志,是他新创立的。许多有价值的史料,就保存在这10"志"里。像《地理志》,叙述了传说时代的"九州"一直到西汉的地理发展变化,以及各地的山川、户口、风土和海外交通。《艺文志》综合了各个学科、学派的产生、发展,记述了历代重要著作的流传情况。《食货志》则记述了从远古时代一直到东汉建立之前的农业、商业、货币等的发展情况。班固的"志",对于后世史学家有很深的影响,到了唐、宋时期,甚至有了专门的"志书"。

司马光这个人,在中国几乎人人皆知。最著名的,还是他小时候砸破大水缸,救出掉进缸中小朋友的故事。司马光长大以后,在宋仁宗、英宗、神宗、哲宗四个皇帝统治时期,当了近50年的官。他是我国古代著名的政治家、思想家、文学家,更是一位史学家。

司马光在史学方面最大的贡献,是花费了19年时间,编撰了我国空前的历史巨著《资治通鉴》。这部书与司马迁创立的纪传体史书不同,而是按年月顺序记事的"编年体",叙述了从战国开始,到五代截止的1362年的历史,共294卷。这部书取材十分广泛,除了参考正史外,还参考了320多种杂史,因而保存了大量史料,有很高的史料价值。

司马光编这部史学巨著的目的,是为帝王的统治提供借鉴的,所以叫《资治通鉴》。但客观上,它是一座历史宝库,不光是帝王借鉴的镜子,也是人民获取历史经验教训的镜子。

由于司马光希望把历史经验告诉读者,所以常常在《资治通鉴》中以"臣光曰"的方式,在书中发表自己的见解,也是很有研究价值的学术资料。

作为文学家,司马光很注意《资治通鉴》的文学性,它叙事简明,文字精练,叙述生动,寓意深刻,可以说,《资治通鉴》是一部文史兼优的散文作品集。

通过本节，我们知道了司马迁创造的纪传体史书，班固首创的断代史史书和司马光开创的编年体史书。我们中华民族光辉灿烂的历史，正是这些"铁笔写春秋"的史学家们，用他们的笔，用他们的心血记载下来的。这是我们民族的宝贵财富。

思想的光环

（一）

说起中国历史上的大思想家，谁都知道，排第一位的是春秋末年的孔子。

孔子的名字是孔丘，孔子、孔夫子是人们对孔子的尊称。他是鲁国人，今天的山东曲阜是他的家乡。孔子年幼时，父亲去世了，17岁又失去了母亲，他是在贫困中长大的。

孔子

孔子的一生，在政治上并不得志。青年时期，他在鲁国给人家当过管理牛羊和粮草的小官，记过账，管理过仓库，直到50多岁才做了鲁国3个月的代理宰相。他后来带着自己的学生，四处游说，也没有哪个诸侯国请他留下当官。直到60多岁以后，他回到鲁国，在整理古代文献和创办教育事业上却做出巨大成就。他打破了以前"学在官府"的旧传统，首创私人讲学的风气，并且创立了我国历史上第一个私家学术团体。由于孔子年轻时当过吹鼓手，做过一些叫"儒"（按照旧礼制给贵族办丧事）的职业，所以人们将以他为首的这一学派称为儒家，或儒家学派。

孔子思想的核心是他反复强调的"仁"。什么是"仁"呢？孔子解释说"仁者爱人"，就是要去"爱人"。他说"己所不欲，勿施于人"，你自己不喜欢的不要加给别人。

作为2400多年前的思想家，孔子当然不能不被迷信思想所束缚，因而也强调过"天命"。但他却在更多的地方对鬼神迷信抱怀疑态度。当他的学生询问什么是"天"的问题，他从来是躲闪回避，不正面回答。如果学生穷问不舍，他就说，"未能事人，焉能事鬼？"（侍奉活人的道理还没搞清楚，怎么能谈论敬奉鬼神呢）还说，"未知生，焉知死？"（活着的事情还没弄明白，哪能去探讨死后的事呢）所以，他的学生说："子不语：怪、力、鬼、神。"（我们的老师从来不谈什么鬼怪神奇的事）

孔子是中国古代最伟大的教育家。孔子以前，教育被官府控制，平民百姓是上不了学的。孔子打破了"学在官府"、贵族垄断教育的旧制度，在中国开创了私家讲学，提出"有教无类"的进步口号，就是打破什么贵族呀、平民呀这些界线（无类），人人都可以接受教育，但是要交学费。就这样，孔子的大半生投入了辛勤的教育事业，教出了三千名学生，其中有72名"贤人"。用今天的话说，他真是"桃李满天下"啦！

孔子在教学上的认真负责精神是十分可贵的。他说过，"学而不厌，诲人不倦，何有于我哉？"（刻苦学习不知厌烦，认真教育学生不知疲倦，这些对我有什么困难呢）这种良好的品德，就连2400年后中国共产党的领袖毛泽东同志都倍加赞赏和提倡，他号召每一个共产党员"对自己'学而不厌'，对人家'诲人不倦'"，还要求共产党员在群众中应"是诲人不倦的教师，而不是官僚主义的政客"。

孔子的许多教育思想和教育方法，直到今天还值得学习和参考。今天的青少年朋友一定也有兴趣听听2000多年前孔老夫子说的话，看看有没有值得自己学习的东西。

孔子说："知之为知之，不知为不知，是知也。"（知道就说知道，不知

道就说不知道,这就是聪明才智了)

　　人们说孔子是生而知之的"圣人",他却说"我非生而知之者,好古,敏以求之者也。"(我不是那种生而知之的圣人,只不过爱好古代文化,并勤奋学习才得到了知识)

孔子

　　孔子认为,"三人行,必有我师"。为什么谁都可以当他的老师呢?孔子说:"见贤思齐焉,见不贤而内省也。"(见到贤者要对照自己,向他看齐;见到不贤的人要内心反省:我有没有和这个人一样的毛病)

　　孔子要求每个学生每天都要反省三件事,其中一件是"传不习乎?"

（老师今天传授的知识，你复习了没有）作为一个大教育家，孔子十分强调复习功课，"学而时习之""温故而知新"都是他的名言。

孔子的许多教育思想，在今天仍然闪着光。

孔子的另一项伟大贡献是整理古代文献，最有名的是《诗经》（我国最早的诗歌总集）、《尚书》（中国古代历史文献汇编）、《礼》（古代礼仪汇编）、《乐》（古代音乐，已失传）、《春秋》（上一节《铁笔写春秋》已介绍）等。这些两三千年前的古代文史资料，要不是孔子的整理和传授，是不可能流传至今的！

今天，我们特别应该注意到，2000多年来的封建统治者和封建儒生，把孔子神化了，并不断假借孔子的名义宣传维护封建统治的思想，其中有的已经不是春秋时期的孔子的本来思想了。不管怎么说，孔子的学说，统治了中国2000多年，他不愧是一位对中国历史影响最深远的伟大思想家、教育家。

（二）

孔子和孔子的儒家学派，在战国时期不过是"百家争鸣"中的一家，可是到了汉朝，却统治了中国的整个思想界。这是为什么呢？

原来，西汉时期有一个叫董仲舒的人，向汉武帝提出一个十分重要的建议，叫"罢黜百家，独尊儒术"，就是说，除了儒家学派一家之外，其他各家各派一律罢黜。而这时的儒家思想，已经是经过董仲舒改造了的儒家思想了。

按照董仲舒的解释，万物的祖宗是老天爷，它创造了日月风雨，皇帝要按天的意志办事，这就神化了封建皇帝。接着，董仲舒还提出了"三纲"：君为臣纲，父为子纲，夫为妻纲。就是说，大臣、儿子、妻子，要无条件地服从皇帝、父亲、丈夫。于是，儒家思想经过董仲舒这么一改造，特别适合封建社会统治者的需要。汉武帝接受了董仲舒的建议，在国家设置的教育机构里,罢除了儒家以外的博士,单独为儒家设立了"诗""书""礼""易""春秋"五经博士,由五经博士在太学中带弟子,通过考试,成绩优良的可以当官。从此,知识分子只有学习儒术,才能踏上当官的路。"五经"和后人解释五经的"四书"成了读书人必读的经典,唯心主义的儒家思想(也叫孔孟之道)就成了2000年来封建社会的统治思想。

有没有进步思想家向这种统治思想挑战呢?同唯心主义儒家思想展开坚决斗争的第一位勇士,就是东汉初年的唯物主义思想家王充。

王充出生时,家庭贫穷,依靠农耕、商贩勉强维持生活。王充的祖父、父亲都爱打抱不平,所以和地方上的豪门地主结了仇,受排挤搬了好几次家。王充在这种家庭中长大,也养成了不甘屈服的性格。

王充小时候聪明好学,在书馆读书时,品学兼优,因此年龄稍大时被保送到首都洛阳,进入太学,跟随著名的儒家大师班彪学习。王充不同于一般的太学生,一心跟着老师死读"五经",以便日后当官,他特别注意博览群书,以至对百家之言都很精通。因为他是个穷书生,根本买不起书,于是他就到市场的书店去"立读"。这位布衣少年成了大小书店里的常客。由于他有惊人的记忆力,常常能把看的书背诵下来。他的知识丰富起来了,又有自己的独立见解,同尊敬的老师班彪的学术观点越来越不一致,再加上

王充

他瞧不起只知道咬文嚼字、没有真才实学、一心追求功名的儒生,就拜别了老师,回到家乡去了。

王充在家乡教过书,当过几次小官,每次时间都很短。他一辈子轻视富贵功名,为了坚持真理,从来不向任何权贵低头。他生活贫苦,但志

气不减,经过刻苦奋斗,终于用20多年的心血,写下了处处闪烁着唯物主义战斗光芒的不朽作品《论衡》,对于占统治地位的封建迷信进行了猛烈批判与扫荡。

王充坚决否定关于天有意志的胡说。董仲舒一伙说,天用暴风、阴雨、日食、月食、流星等等灾异来表达自己的意志,告诫统治者要行"德政"。王充说,日食、月食在一定的时间出现,是有规律的;风雨雷电则是自然现象。天只是一种自然的存在,哪里有什么喜怒哀乐,更不会通过什么灾异来告诫统治者。总之,天根本干涉不了人间的事情。

至于人,王充认为,人和自然万物一样,都是"物",不是天创造的。人之所以和动物不同,是因为人有智慧,能思维。但世上的人和人之间,并没有本质的差别,"虽贵为王侯,性不异于物"——那些高高在上、自命不凡的王侯,也不过和普通人一样,都是"物"。

王充

这是对那种"王权神授"和大豪门地主统治的挑战。

董仲舒之流把孔子、孟子说成生而知之的圣人,借以抬高儒家的地位。王充指出,从来没有生而知之的人,人的正确认识,全靠后来的眼见、耳听,再加上开动脑筋的思考,才能得到。王充就用儒家经典的记载,来驳斥把孔子神化的说法。他在《论衡》的一篇叫《知实》的文章中,一连举了16个例子,说明孔子不是神,不能先知。他还引用孔子自己说的话,"吾十有五而志于学",说明孔子也是15岁开始努力学习、得到知识的。王充还针对孔子、孟子被神化、谁也不敢怀疑的情况,大胆地写了一篇《问孔》,一篇《刺孟》,指出孔子、孟子也有不少自相矛盾的论点和不少错误。他在列举了这些事后反问道:"追问孔子,何伤于义?""伐孔子之说,何逆于理?"(追问孔子、批判孔子的错误,是合乎道义、顺乎情理的)

王充这样无情地批判封建正统思想,自然要遭到大官僚、大地主们的打击。他们说王充出身低微,因此他的著作也不可能高尚。王充马上反驳说:我是出身低微,但出身不影响出贤才,孔子、墨子的祖先并不高贵,但并不妨碍生出这两位圣贤来!

直到王充晚年,他的同乡好朋友谢夷吾,给朝廷上书,说王充的学识和德行很高,就连古代的孟子、荀子,汉代的司马迁,都比不上他。汉章帝马上派"公车"来召他进京。贫病年老的王充没有进京,而是在家乡的凄凉中告别了人间,只把战斗的思想留给了后代。

诗之国

（一）

谁都知道,中国以"诗之国"闻名于世界,千百年来,伟大的诗人,光辉的诗篇,像夜空的银星闪烁。1953 年,世界和平理事会公布纪念的世界四大文化名人之一,就有中国古代第一位伟大的爱国主义诗人——屈原。

屈原是战国时期楚国人。他青年时期就掌握了渊博的知识,养成优美的情操,具有高尚的品德,刚刚二十五六岁,就辅佐楚怀王,担任了仅次于宰相的高官——左徒。当时的"战国七雄"中,秦国经过了商鞅变法,实力最强;楚国面积最大,有雄厚的实力;齐国最富,力量也不小。屈原认真分析了形势,知道要使楚国强盛,成为统一中国的力量,必须对内进行变法,改革落后的政治制度;对外联合齐国,抵抗强秦。

屈原

楚怀王身边有一群奸险小人,有楚怀王宠爱的妃子郑袖,小儿子子兰和上官大夫靳尚。这些人代表有特权的大奴隶主,害怕屈原的改革,就在楚怀王面前说屈原的坏话。糊涂的楚怀王疏远了屈原,和强敌秦国接近。

秦国派张仪来见楚怀王,目的就是为了破坏楚齐联盟。楚怀王听信了张仪"割地600里给楚国",和齐国断绝了盟好。想不到张仪不认账了，却说"我只答应割6里给大王!"气得楚怀王发兵攻秦，两战两败，反而被秦国又抢去大片土地。楚怀王不得不重新起用屈原，派他出使齐国，重新修补楚齐联盟。

屈原万万没有想到，当他在齐国重建两国联盟时，张仪又来到楚国，先拉拢、贿赂了郑袖、子兰、靳尚一伙，又说得楚怀王变了卦，反而和秦国订立了联盟。屈原的政治主张一再遭到失败，被贬到了外地。

秦国看楚国孤立了，就接连发兵攻打，楚国一败再败。秦王要求楚怀王亲自去武关(今陕西省商县东)相会。屈原死死苦劝说："秦是虎狼之国，不能信任!"子兰却一再劝父去武关。结果，楚怀王被秦扣压，第三年死在了秦国。

楚国的新王顷襄王也听信了弟弟子兰的坏话，把屈原流放到更远的南方荒僻之地。屈原遭到不断的迫害，还总是抱着一线希望，愿楚王醒悟，重新任用自己，搞好改革，使国家重新强盛起来。但是，先是顷襄王做了秦国的女婿，使屈原"联齐抗秦"的主张完全破灭；接着是秦国派大将白起攻楚，攻占楚国都城郢都(今湖北江陵西北)，迫使"女婿"逃到陈(今河南淮阳县)。屈原眼看着国家面临危亡，自己已经62岁，年老体弱，远在外地，无力挽救，心情万分悲痛。他在绝望中写下《哀郢》等一首首浸满血泪的诗歌，于农历五月初五那一天，投汨罗江(在今湖南长沙附近)而死。

屈原生在楚国败落的时代，他在政治上失败了，可是他却一直强烈地热爱着自己的祖国，就是在长期流放中，也一直为国事而忧虑，并把自己的满腔赤诚倾注到不朽的诗篇中。

屈原最著名的作品是《离骚》，即离别的忧愁。全诗表现的是屈原献身祖国的战斗精神；也表现了他和祖国共存亡的爱国深情。《离骚》充分运用了神话般的浪漫手法，写得十分优美动情。诗的后一部分，写诗人乘着飞龙驾驶的，由美玉、象牙装饰的马车，登天遨游，去了许多吸引人的好地方。可是，当在初升太阳的照耀下，忽然看见了故乡的时候，连仆从都十分悲伤，马匹也留连而不肯再走了，诗人终于不肯离开自己的祖国了！《离骚》是中国古代最长的一首抒情诗，是流传千年的光辉作品。

屈原长期被流放，生活在民间，他的诗广泛吸取楚国的民间语言和南方歌谣的形式，从而创造了一种崭新的诗歌体裁。后来，人们就把屈原创作的这种诗歌统称为"楚辞"。"楚辞"中最有名的作品除《离骚》外，还有《九歌》《橘颂》《天问》等许多不朽篇章。

屈原作为伟大的爱国者，人民永远怀念他，每年农历五月初五"端午节"，人们吃粽子、划龙舟，就是盛行的纪念屈原的形式。

屈原

屈原作为伟大的爱国诗人，他的精神，他的诗篇更影响了 2000 多年来的中国诗人。司马迁遭到汉武帝施加的"腐刑"屈辱打击以后，就用"屈原被放逐，写出《离骚》"的精神来鞭策自己，终于完成了《史记》，后人称赞《史记》是"无韵之《离骚》"。本节下面要介绍的李白、杜甫，也都万分景仰屈原，继承了屈原的爱国忧民精神。李白诗中说：屈原的诗像日月一样高悬当空，而楚王的宫殿却化作尘土了。

（二）

中国的诗歌高峰是唐朝。被称为"诗仙"的李白则是唐朝最伟大的诗人。他的诗继承了屈原爱国主义和顽强不屈的精神，更发扬了屈原浪漫主义的创作方法。

李白少年时期就爱读各种各样的书，按他自己的诗说，"十岁观百家""十五观奇书"。就是说，不能只读儒家经典，而是要看百家书籍和各种"奇书"。20岁以后，他在家乡四川漫游，峨眉山、青城山上都留有他的足迹。25岁以后，他更"辞亲远游"，十年内，漫游了长江、黄河中下游的名山大川和古城。十年间，李白的诗歌也传遍海内，唐玄宗下诏请他进京，并亲自"步迎"。尽管皇帝、大臣们都敬佩李白的诗才，可是李白却看不惯他们的腐朽生活和黑暗统治，"安能摧眉折腰事权贵，使我不得开心颜！"他那蔑

李白

视权贵小人的清高自傲的作风，也得罪了他们。结果，李白只在长安生活了三年，就离京而去，开始了第二次漫游大自然的旅行。在洛阳，他遇见杜甫，两位大诗人成了要好的朋友，以至像杜甫说的："醉眠秋共被，携手日中行"，俩人秋游醉饮后，合盖一条被子睡觉，白天再拉着手在丽日中旅行。后来，由于统治阶级的内部斗争，李白受了牵连，遭到流放的处分，幸亏在半路上被赦免。这时诗人已经老了，就向长江下游进行平生第三次漫游。

李白诗歌的爱国思想有各种形式的表现，他曾"中夜四五叹，常为大国忧"（半夜里为国家的事情而叹息难眠）；当统治阶级的内乱使百姓遭到残杀时，他又呼问："白骨成丘山，苍生竟何罪？"（老百姓有什么罪呀，却落得白骨成山）他更表达了人民群众（特别是妇女）思念远方征战的亲人，希望"何日平胡虏，良人罢远征？"（什么时候才能平定边境，我的亲人结束远征归来呀）

李白诗歌的爱国思想更表现在他热情地歌咏伟大祖国的美好河山

上。由于他"一生好入名山游",再加上他那浪漫主义的写作手法,给我们留下了千古不朽的佳作。他写黄河,"黄河之水天上来,奔流到海不复回";他写长江,"孤帆远影碧空尽,唯见长江天际流";他写庐山瀑布,"飞流直下三千尺,疑是银河落九天";他写进川的蜀道,"蜀道之难,难于上青天";他写北方的风雪,"燕山雪花大如席,片片吹落轩辕台"……把祖国山河的壮丽、可爱,化作优美的诗歌,捧现在人间。

李白对中国的诗歌有非常大的影响。他那关切国家安危、人民命运的爱国思想,他那蔑视一切权贵、从不"摧眉折腰"的反抗精神,他那浪漫神奇的写作方法,一直为后人、特别是诗人们学习。著名诗人中,像唐朝的李贺、杜牧,宋朝的苏轼、陆游,以及明清时期的大诗人,都从李白诗歌中汲取了丰富的营养。

"诗仙"李白

唐代是我国诗歌发展的高峰,而高峰的顶点,正是李白,还有杜甫。

（三）

杜甫比李白小 11 岁,但他俩却是一对诗友。李白被称为"诗仙",杜甫被尊为"诗圣"。如果说李白是伟大的浪漫主义诗人的话,杜甫则是伟大的现实主义诗人。

杜甫亲身经历了唐帝国由兴盛到衰亡的急剧转变年代,他不但亲眼看到,而且亲身感受到人民的深重灾难。他用自己的诗歌来描绘这个苦难时代，所以，他的诗被称为"诗史"。

杜甫7岁时就开始作诗，刚刚14岁就参加本地诗人们的聚会。20岁以后，他也开始外出漫游，八九年里，饱览了祖国壮美江山，后来又同李白交上了朋友。他曾到首都长安，亲眼看见政治腐败，王公贵族荒淫无耻的生活，使他开始用诗替人民呼喊，写出了"朱门酒肉臭，路有冻死骨"的名句，以鲜明的对比揭示了一边是红漆大门中富贵人家花天酒地；另一边是马路边有穷人冻饿而死的尸骨。此后，杜甫的生活几乎一直处在颠簸困苦之中。他曾经被安史之乱的叛军俘虏囚禁；冒险逃出后投奔唐肃宗，又被贬斥，永远离开首都；他曾弃官入川，住在成都草堂；后来在四川失去依靠，乘船出川，四处漂泊了两三年，最后贫病交加，死在湘江小船上。忧伤痛苦中，他大胆揭露社会上的矛盾，鞭笞统治者的罪恶，表现了对穷苦人民的深深同情，成为一个伟大的现实主义诗人。

什么叫"现实主义诗人"呢？杜甫把唐朝动乱期间人民的现实生活加以高度的概括，用诗表现出来，使读者更深刻地认识社会，同情人民。像他的长诗《兵车行》，通过"行人"的话说出皇帝发动战争给人民造成的灾难：15岁北伐守边，40岁西征屯田。走的时候还是小孩，归来时头发花白了，还得戍守边境。结果呢？"君不闻，汉家山东二百州，千村万落生荆杞""君不

杜甫

见,青海头,古来白骨无人收。新鬼烦冤旧鬼哭,天阴雨湿声啾啾!"杜甫就是这样把讽刺、揭露隐藏在自己的叙事诗中了。

杜甫的心和穷苦人民的心紧紧贴在一起。当他住在四川成都草堂时,当自己的茅草房被秋风吹漏,他想到的是更多的"寒士",写下了《茅屋为秋风所破歌》这首名诗,诗的最后说:"安得广厦千万间,大庇天下寒士俱欢颜,风雨不动安如山!呜呼!何时眼前突兀见此屋,吾庐独破受冻死亦足!"这种思想多么难能可贵,当杜甫在露着天的草堂里挨冻时,想的却是只要天下寒士住进风雨不动的广厦,自己在破草房冻死也心甘情愿!

杜甫这位"诗圣"对后代诗人产生很大影响,许多杰出的诗人都把杜甫当作自己学习的典范。他的诗受到人民热爱,广泛流传。

杜甫一直十分敬仰李白,认为李白的诗"无敌"。但事实上,杜甫的成就并不亚于李白。两位大诗人风格迥异,各有千秋。唐朝大文学家韩愈写过这样两句诗:"李杜文章在,光焰万丈长。"是的,杜甫的诗篇和李白的诗篇一样,光焰万丈,永留人间!

（四）

继屈原、李白、杜甫之后的伟大诗人,就是唐朝后期的白居易了。

白居易 16 岁的时候来到首都长安,拿着自己的诗稿,向当代老诗人顾况请教。顾况接过诗稿,抬头一看,下面站着的竟是一位少年,再看看诗稿封面的名字"白居易",不觉有些好笑:一个孩子家,怎么敢到自己面前来呢?他不由得要对这少年开个小小玩笑,就影射着白居易的名字说:"长安的'白'米很贵,在这里'居'可并不'易'呀!"说着,顺手打开诗稿浏览,当他读到"离离原上草,一岁一枯荣,野火烧不尽,春风吹又生"时,简直不敢相信这诗出自十几岁的孩子之手,禁不住立即改变语气,对白居易说:"能写出这么好的诗来,在长安'居'下来也容'易'呀!"由于顾况的赏识,少年白居易很快名满长安了。但是由于顾况的官位不高,白居易没能当官,直到29岁才考取进士,走上当官的道路。

白居易

白居易在官场上,可比李白、杜甫顺利多了,他从地方小官当起,一直到进京当上皇帝跟前的谏官"左拾遗"。他当了三年谏官,不断向皇帝提出有利于人民的建议,如减轻赋税、任用贤能等等。他这样的官员是不会得到掌权的宦官集团欢迎的,就被排挤到地方。他曾担任过几个地方的刺史(州郡的最高长官),他关心人民生活,发展水利事业,平均赋税、劳役,使穷苦百姓得了一些实际利益。据记载,当他因病而离开苏州刺史职位时,苏州的老百姓和官员,站满了大运河两岸,追着他的船,一直送行了十几里,许多人流下了眼泪。他的好朋友、著名诗人刘禹锡形容当时的情景写道:"苏州十万户,尽作婴儿啼",说的是十万户苏州老百姓听说白居易要离职,都像小孩子一样地啼哭起来。

白居易的诗与人民的心贴得更紧。他对为什么写诗有自己独到的见解:"文章合为时而著,歌诗合为事而作",写诗、作文都要反映现实生活,适合时代的需要。正是从这样的主张出发,白居易创作了大量揭露当时黑暗、反映人民疾苦、控诉虎狼统治剥削的好诗。

《红线毯》就是这样的诗。诗中描写宣州生产的红线地毯"红于花""温且柔",宣城太守年年把这红线地毯献到皇宫,讨好皇帝,谋求升官。白居易在诗的最后质问:"宣州太守知不知?一丈毯,千两丝。地不知寒人要暖,少夺人衣作地衣!"原来宣州太守是把老百姓身上的"人衣"夺去,给皇宫当"地衣"(地毯)!

白居易

白居易在另一首《卖炭翁》中，也写了皇宫来的"黄衣使者"强把卖炭老人的"一车炭，千余斤"在光天化日下抢走，只留下"半匹红绡、一丈绫"充当报酬。

白居易特别强调，诗写出来是为了给人民群众看的，因此他力求通俗，让人看得懂。他每写好一首诗，常常要先读给老太婆听；听不懂就一直改到懂了为止。所以，他的诗不光内容实、情理深，而且雅俗共赏。早在他在世时，他的诗就在社会上广泛流传，上至王公贵族，下至市民农夫，都知道白居易的诗。就连集镇、寺庙、酒楼的墙壁上，都抄有他的诗。

一些日本、朝鲜、中亚的外国使者，留学生，也用高价买来白居易的诗，带回国去。应该说，早在唐朝，白居易就是一位有着国际影响的大诗人了。

唐诗流传至今，以白居易的数量最多，达 2800 多首。可见同情人民的诗人，人民也会让他的诗长期"活"下去的！

独特的绘画美、书法美

（一）

被我们称为"国画"的中国绘画，是中华民族的文明之花。它所用的纸、笔、墨、彩，以及它的绘画技巧，不同于西方，有自己的特殊民族风格。现代国画大师齐白石、张大千，徐悲鸿、刘海粟等，早已是世界级的著名画家。中国画的美，陶醉了各国人民。

中国画艺术源远流长，古代著名画家的故事流传千古。

1500 年前的东晋时期，我国出现了一位叫顾恺之的大画家。他的名画《女史箴图》《洛神赋图》和《列女传图》是祖国珍贵的文化遗产。他的人物画在当时名闻天下。

顾恺之画人物，十分注意抓住特点。一次，他给一个叫裴楷的人画像，一些人慕名在旁边观看。

顾恺之先仔细端详裴楷，然后胸有成竹地提笔落墨，很快先勾出了轮廓。这时，有的人轻轻摇头，还有的人干脆小声嘟囔："不像呀！"

顾恺之却根本不管别人怎么看，怎么议论。只见他再次看了裴楷一眼，提起笔在画像的脸颊上"嚓嚓嚓"一连三笔，十分显眼地画上三根细细的毫毛。"啊！"旁观的人们禁不住惊讶起来。原来就是这最后三笔，把裴楷的神情、特点一下子就突出了出来，像活了一样。

又有一次，顾恺之给另一位叫谢鲲的名人画像。顾恺之很注意在画中表现人物的性格和爱好。他知道谢鲲喜欢登山越水，观石赏花，就特意在画完人像后，在人物背景上勾画出几块奇岩怪石。观画的人一眼就都明白了：噢，这画像的主人是位爱在山石间游玩的人呀！

顾恺之最有名的故事，还是给佛寺画壁画的事。东晋时期，佛教流行，寺庙林立。这一年，首都建康（今江苏省南京市）郊外的凤凰台，又新建了一个大庙"瓦棺寺"。瓦棺寺的和尚四处募捐，许多达官显贵纷纷捐钱。这个三万钱，那个五万钱，真是大方得很。当和尚找到顾恺之时，他提笔就在募捐册上写下：一百万钱！

这可把和尚吓坏啦！是呀，顶顶有钱的人家，也没有捐款超过十万的呀。顾恺之却笑笑，让和尚放心，只是嘱咐他，在庙中准备好一面粉刷好的白墙，再把"顾恺之要在庙内作画"的消息传出去，别的就不用担心了。

顾恺之果然来到瓦棺寺，在大门禁锁、不准任何人观看的情况下，一连画了一个多月。就在这幅人物巨画完成的前一天，顾恺之让和尚传出最新消息：顾恺之明天将给瓦棺寺的大壁画"点眸子"，欲来看者，需捐钱方可入庙。

消息迅速传开，建康城沸腾了。原来顾恺之一向以"点眸子"——给人物画眼珠而闻名。他最重视"眼睛传神"，下笔十分谨慎认真，有时作完一幅画，要在一年甚至几年以后才完成最后一笔——点眸子。而明天，这位大画家要当众给巨画点眸子，自然引起千万慕名者的重视。特别是一些有钱的人，更想先睹为快。

第二天，庙门还没打开，门前已经人山人海了。当然，捐钱最多的可以首先进入庙门，当面看大画家点眸子。捐得少一些的，也可以抢先欣赏刚刚点完眸子的巨画。至于拿不出许多钱的人，只好第二天再来参观了。

果然不出所料，一百万钱很快就齐了。而顾恺之从容给巨画点眸子的神采、功力，也像春风一样传遍了大街小巷。这位中国古代大画家的名字几乎无人不晓了。

（二）

唐朝是我国古代最兴盛的朝代,因此它的文化也很发达。不仅出了李白、杜甫、白居易这样的大诗人,还出了阎立本、吴道子等著名的大画家。

阎立本生活在唐朝早期,他的父亲阎毗、哥哥阎立德都擅长工艺和绘画,全国闻名。阎立本从家庭中汲取了丰富的绘画营养,但他更善于继承传统遗产、向画坛前辈学习。

在阎立本心目中,南北朝时期的南梁画家张僧繇最为有名,特别是他"画龙点睛"的美丽传说,经过几百年,都变成了神话。它说的是张僧繇在建康的安乐寺,画了一幅四龙腾云的大壁画,但是却不给龙点上眼睛。人们问他为什么画龙不点睛。他说,点上眼睛,龙就活了,会飞走的,大家都不相信。于是,张僧繇提起笔来,给画中的两条龙点上眼睛。这一下可真神啦,只见云雾蒸腾,雷声响亮,被点上眼睛的龙果然"活"了起来,就要冲破云层,直上云天了。

人们用这"画龙点睛"的故事来赞誉张僧繇的绘画技巧。阎立本多么想亲眼看看这位大画家的作品呀。他听说荆州(今湖北省江陵县)古庙里存有张僧繇的壁画,就从长安出发,跋涉千里,来到荆州。

也许是阎立本抱的期望太大,结果进庙粗粗一看,感到深深失望:唉,原来张僧繇徒有虚名,画的远不像传说的那么神。

可是,当天晚上,他躺在床上开始细想,总觉得那画里还有些自己没有来得及体会到的东西,于是,他第二天再次来到古庙观摩。这回他看得可细多了,边看边琢磨张僧繇的绘画技巧,果然不同一般。

艺术的魅力真是神奇!阎立本第三天一大早又赶来古庙,真是"柳暗花明又一村",他突然领悟到张僧繇的高明不仅仅在于技巧,更在于他的神韵。是呀,阎立本原来是画写真画的,而张僧繇却以写意画见长,他的画大起大落，气势恢宏，越看越耐看，越给人启发。

阎立本再也坐不住了。他干脆带着行李搬进了古庙，从早到晚，面对壁画，细细观摩，还照着学画。一连十多天，朝夕如梦，他沉浸在优美缥缈的艺术天地之中。

阎立本就是这样虚心学习，可以放弃自己画派的"门户之见"，取别家之长，成为"变古像今"，超出前代的大画家。

（三）

唐朝最著名的画家，是阎立本之后的吴道子。他从小父母双亡、生活贫寒，但却迷上了绘画。12岁时，他就有了些名气，后来当上画工小吏，仍然刻苦自学和钻研绘画技巧，并形成了自己独特的风格。他画起画来，飘洒自如，一挥而就，富有神韵。他画人物时，那身上的衣带像被风儿吹拂一样飘扬着，被称为"吴带当风"。唐朝以前，画人物的多，山水画却很少，而吴道子却十分擅长山水画。他画起山水画来，也是那样笔飞如风，洋洋洒洒，又快又逼真，令人赞叹不已。

吴道子的名望越来越大，最后被召进宫，当了画师。唐玄宗听说四川嘉陵江的景色十分优美，就派他和另一位宫廷画师李思训分别去嘉陵江，并嘱咐把两岸景色画回来。

吴道子和李思训都是当代大画家，但二人的画风完全不同。吴道子善于"写意"，李思训善于"工笔"，各有特色。回到首都以后，李思训已经积累了厚厚的写生画稿，吴道子却是两手空空。当唐玄宗奇怪地问他："你的画呢？"他回答："嘉陵江的景色都记在我心里了！"

唐玄宗让吴道子、李思训分别把自己的画画在宫内大同殿墙壁上。吴道子成竹在胸地提起画笔，在高大的殿壁上左右飞舞，先勾出了草图，然后着墨，最后还要在山间水面点上色彩，使画面更加鲜明、生动。一幅《嘉陵江三百里秀美风光图》只用了一天的时间，就完成了，充分体现了

吴道子在作画

他那"写意"的画风。李思训也充分表达出自己"工笔"画的特色。他手持从四川带回的草图,认真描,细细绘,用了一个多月的时间,才在另一堵墙上完成《嘉陵景色》的山水画。

唐玄宗看了两幅壁画,赞不绝口。是呀,写意画、工笔画,都是我们中国画的瑰宝呀！

　　吴道子还有一个和善于舞剑的裴旻将军、及被称为"草圣"的书法家张旭结交的故事。说的是裴旻母亲去世，他请吴道子在洛阳天后宫画一幅壁画，以超度亡母，并答应送他一份厚礼。吴道子说："礼物我不要。我早就听说裴将军剑术高超，我只要求您在我绘画时能当场舞剑，使我能从您的气势和舞姿中得到启发。您大概听说过当代草书名家张旭吧，他就是受了公孙大娘舞剑的启发，才练出一手如飞龙腾空般的草书来的！"

　　吴道子在天后宫绘画的消息传了出去，前来参观的人很多。那天，裴旻穿了一身健美的紧身衣裤，舞起银光闪闪的青龙宝剑，一会抬头望月，一会双龙分水，腾跃如猿，跳下如风，左旋右转，敏捷轻盈。吴道子手执画笔，看得出神，等到兴致至尽，立即挥起画笔，也像那剑舞似地左右勾勒，很快就画出了线条流畅而优美的草图。当吴道子画完最后一笔，微笑的张旭却提起笔来，在那壁画上题书留念。一天之内，剑、画、书三位大家当众表演绝技，在洛阳传为美谈。

　　是的，以中国武功中的剑术，书法中的草书来展现国画中的写意，真是再合适不过了。由于吴道子在国画上的卓越成就，后人尊他为"画圣"。

（四）

　　书法，更是我们中国独有的艺术了。除了中国，哪一个国家能把自己的文的字高悬厅堂，作为艺术品来欣赏？是的，没有。我们中国的文字，有楷书、行书、草书、隶书、篆书等等写法，上一节提到的张旭，是专擅草书的书法家。中国历代的大书法家很多，首屈一指的是"书圣"王羲之。

　　1600 多年前的晋朝，书法艺术有了发展。王羲之从小练字，练字练得右手手指结出了厚厚的茧子，一支支笔管也都磨下一条凹槽。12 岁的时候，他发现了父亲藏在枕头里的《笔论》，如获至宝，偷偷地阅读和练习起来。父亲发现了，说他年龄还小，要把书收回。王羲之跪下请求说："如果等我长大了再学，那我的时间和聪明不就白白浪费了吗？还是请父亲让我学吧！"父亲看他认真、诚恳又好学，就把《笔论》这本书法专著给了他。

从此，王羲之日复一日，年复一年，练得更加勤奋了。有一次他正在书房练字，家人叫他吃饭，他也不答。没办法，书童把饺子和蒜泥给他送进书房。王羲之是山东人，最爱吃水饺蘸蒜泥，就一边专心练字，一边吃了起来。由于他的心思全在书法上，以致饺子蘸在了墨汁上也不知道，结果吃得一嘴乌黑。当家人来问时，他还一个劲说"好吃，好吃！"真是笑死了人。

王羲之

王羲之不光字写得好，还在书法理论上有独到见解。对于纸、墨、笔、砚这"文房四宝"，他都很有研究。敲一敲，就知道墨的好坏；哈一口气，就知道砚台的优劣。对于书法专用的毛笔，他更发现了笔毫可以分为刚性、柔性、中性三种。他认为，写小楷最好用羊毫与兔毫或羊毫与狼毫相配的中性笔。写中楷、大楷，为了刚健有力，应该用兔毫、狼毫，甚至鼠毫。

王羲之的行书成就最高，那行书真是像行云流水一般，笔势酣畅、自然清新。他为后代留下的大量精美的书法碑帖、精辟的书法理论，是历代书法家的必读、必学的作品，是中国古代书法艺术宝库中的珍品。

王羲之的儿子王献之也是一位书法家。他从小跟着父亲学字。一天，他问父亲，学习书法有什么秘诀。王羲之指着院子里的18口水缸说："秘诀嘛，就在这些缸里。你若是把18口水缸里的水写完了，也就学会了。"

王羲之

王献之更加苦练起来。三年，五年，王羲之总是笑笑摇头。一天，王羲之看他正在写一个"大"字，觉得字的结构不匀称，上边紧而下边松了，就提起笔，在"大"字下边加上一点，变成"太"字。过了些天，王献之把自己厚厚的习字拿去给母亲看。母亲的书法鉴赏力很高，她一张又一张地看，最后只拿出一张"太"字，指着下边那个"点"说："我儿练字三千日，只有一点像羲之。"王献之不由得张口结舌，原来那一"点"正是父亲加的。

经过刻苦学习、练习，王献之的书法有了很大长进。一天，他正在专心练字，王羲之轻步走到他背后，猛地用力拔他的笔管，竟没有拔动。王羲之感到了儿子写字有了手劲，高兴地说："这孩子今后会大有出息的！"

从此才开始全心传授他书法艺术。果然，王献之成为仅次于父亲的大书法家。后人合称他们为"二王"。

王献之

现在，浙江绍兴的兰亭、永嘉的积谷山，以及江西庐山归宗寺等王羲之居住并练过书法的地方，都有他练字涮笔的"墨池"，成为游人必到的胜景。而王羲之的家乡，山东省临沂市王羲之故居的南侧，仍有他童年池边习字时的"墨池"。游客在这里可以听到流传了1600多年的传说：小羲之从5岁时在这儿练习书法，暑夏寒冬，终年不变，以至池水被笔、砚染成墨色，所以后人把这池子称为"墨池"或"洗砚池"。

是呀，当今天的人们站在池旁，望着棵棵古树把浓绿的倒影投入池中时，还真的感到了那一池墨绿，使我们对"书圣"更加景仰，对伟大祖国独有的书法艺术更加自豪！

四、科学技术

千古传奇的指南车和记里鼓车

在中国历史博物馆展出的许许多多绚丽多彩的古代文物中,有两辆结构精美、样式奇特的双轮独辕车复原模型十分引人注目:一辆车子上站着一个神态庄重的木人,伸臂指向南方;另一辆车子上有两个木人围鼓对坐,正扬臂擂鼓。它们既不像古代的战车,更不像人们常见的乘人载物的车辆,原来,它们就是我国古代著名的指南车和记里鼓车。

记里鼓车图

很久以来,我国就流传着关于指南车和记里鼓车的美好故事。例如说,黄帝和蚩尤作战,黄帝的军队因大雾迷失了方向,黄帝制作指南车指明方向,终于战胜了蚩尤。这些传说不一定真实可靠,但是它说明我们的祖先很早就发明了指南车。

根据史料记载,指南车和记里鼓车至少在 2000 年前就已经出现了。当时一些帝王曾经把它们作为出行时仪仗队中的主要点缀品,以显示自己的威武与豪华。后来,这两种车相继失传,但是关于它们的传说却一直吸引着东汉的张衡、三国时代的马钧、南北朝的祖冲之等许多名家巧匠竞相研制。因此从三国时代开始,很多史书都有关于指南车和记里鼓车的记载,不过都是寥寥数语,十分简略。到了宋代,燕肃、卢道隆和吴德仁等人先后再制作成功指南车和记里鼓车,《宋史》才作了详细的记述。

指南车复原模型

为什么指南车无论怎么转弯,而车上的木人总是指着南方?为什么记里鼓车每行 1 里或 10 里的时候,木人就会按时擂鼓击镯一次呢?从《宋史》的记述中我们知道,古代人民以高度智慧和创造力,巧妙地设计出一些大小不一、齿数不同的齿轮,安装在车辆下面,利用车轮作动力,带动这些齿轮转动。指南车拐弯转向的时候,其中两个主要齿轮或联或断,从而使木人的手臂始终指向南方。记里鼓车则有一套减速齿轮系统,每当车行 1 里和 10 里的时候,齿轮系中的两个大齿轮才各回转 1 周,分别拨动木人擂鼓和击镯一次。

从它们的内部齿轮构造来说,指南车比记里鼓车要简单一些,但是在设计上,指南车使用了齿轮系自动离合的原理,技巧比记里鼓车更高明一些。

指南车和记里鼓车的发明,标志着我国古代对齿轮系统的应用在当时世界上居于领先地位,可以说它们是现代车辆上离合器和计程仪的先驱。

世界上最古老的天文钟——水运仪象台

如果你去参观天文馆，一定会对天象仪发生兴趣。这种仪器可以表演天球旋转，太阳、月球、行星等的运动和稀有的天文现象；也可以表演火箭飞行，星际旅行以及闪电、雷雨等现象。你可曾想到，天象仪的老祖宗在我们中国，它就是宋代造的水运仪象台。

这座水运仪象台，是北宋的天文学家苏颂组织韩公廉等人，于1088年到1090年在开封建造的。它高约12米，宽7米，分作3层。上层放浑仪，用来观测日月星辰的位置；为了观测方便，上面覆盖了9块活动层板，它的作用和现代天文台可以开合的球形台顶相同。中层放浑象，它是一个球体，在球面布列天体的星宿位置。有机械能使浑象由东向西转动，和天体的运动一致，使得球面星座位置和天象相合。下层设木阁，又分成5层。每层有门，到一定时刻，门中有木人出来报时。木阁后面装置漏壶和机械系统，漏壶引水升降，转动机轮，使整个仪器按部就班地

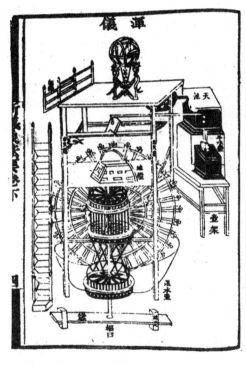

苏颂所著《新仪象法要》中的水运仪象台图

动作起来。

这座利用水力运转的仪象台,它的动力装置相当于现代望远镜上的时钟机械,它可以使在天空中移动的恒星保持在视野里。它是远早于欧洲同类装置的一项发明。在欧洲,英国物理学家、天文学家胡克在 1670 年才第一次建议制造自动调整的钟机传动望远镜,这个建议直到望远镜的焦距逐渐缩短,可以采用准确的赤道装置的时候才有实用价值。

1126 年金兵攻袭开封,北宋灭亡,水运仪象台被金兵缴获。后来,它虽然在北京重新装配,可是由于部件逐渐损坏,无法修复。幸好苏颂著的《新仪象法要》一书,相当详细地介绍了水运仪象台的构造,并且还附有全图、分图、详图 60 多幅,多是透视图或示意图,它才不致失传。解放以后,中国历史博物馆根据这本书的记载,制造出水运仪象台的模型,使我们能够重新看到这座世界上最古老的天文钟。

中国古代测天仪器的杰作——浑仪和简仪

南京紫金山天文台保存着我国古代两架重要的测天仪器,一架叫浑仪,另一架叫简仪。它们制造于15世纪的明代正统年间。它们同我们民族一样,近百年来也有一段饱尝辛酸的历史。1900年,八国联军侵入北京,法军把简仪抢去,运进法国大使馆,几年后才迟迟归还。德军把浑仪掠往德国,直到第一次世界大战后它才重新回到祖国的怀抱。在第二次世界大战期间,它们又一次受到日本侵略者的蹂躏,仪身被损坏,龙爪被砍断,许多附属仪表也荡然无存。浑仪和简仪为什么一直成为帝国主义劫掠的对象呢?因为它们是我国古代科学技术上的两项伟大创造,是我们民族文化遗产中的珍品瑰宝。它们的设计和制造水平,不仅使我国测天仪器在世界上长期居于遥遥领先的地位,而且

浑仪

对现代仪器也产生极其深远的影响。从现代大型望远镜、各类测量仪以及航空导航用的天文罗盘等现代仪器身上,都可以看到它们的影子或原型。可以说,浑仪和简仪是许多现代仪器的先驱。

简仪

　　远在公元前 4 世纪,我们的祖先为了观察日、月、星辰的变化,制定季节,就创制了世界上第一架测天仪器——浑仪。我国原始的浑仪结构简单,可能仅有赤道环和四游环的两个圆环和观测用的窥管。后来随着人们的天文知识的丰富和发展,浑仪也不断得到改进。特别是东汉张衡和唐初李淳风,他们根据对天体的认识,先后对浑仪进行了两次大的改进。改进后的浑仪由三重圆环构成;最外一重圆环叫六合仪,包括地平圈、子午圈和赤道圈,表示东西、南北、上下六个方向;最里一重叫作四游仪,包括四游环和窥管;中间一重叫作三辰仪,由黄道环、白道环和赤道环三个相交的圆环组成,分别表示日、月、星辰的位置。三辰仪和四游仪可以绕着极轴旋转。

　　浑仪的日臻完善,标志着我国古代测天仪器所具有的高度水平。但是浑仪有一个缺点,就是它的环圈重重,相互交错,遮掩了大片天区,缩小了观测范围,使用起来不方便。为了克服这个缺点,元代郭守敬在沈括等人改革、简化浑仪的基础上,经过刻苦钻研,于 1276 年创制成新型的测天仪器——简仪。

简仪与浑仪的主要区别是取消了白道环和黄道环,并且把地平坐标(由地平圈和地平经圈组成)和赤道坐标(由赤道圈和赤经圈组成)分开安装。这样,就不再有妨碍视线的众多圆环,除了北天极附近以外,全部天空一览无余,观测起来十分方便。它是当时世界上最先进的仪器,300年后西方出现的仪器才能和它相比。令人惋惜的是,郭守敬创制的简仪,于1715年被外国传教士当作废铜给熔化了。现在保存在南京紫金山天文台的简仪和浑仪一样,是明代的复制品。解放后,它们受到很好的整修和保护,作为祖国在天文学上伟大成就的象征,激励人们去攀登新的科学高峰。

最完备的古天象记录

我国有大量古代天象记录资料,它们不但在时间上比世界各国早,而且也最完备,详细可靠。它们是我国古代丰富的文化宝库中的一份珍贵遗产。系统地整理、发掘这份珍贵遗产,做到古为今用,不但对现代天文学的研究有帮助,而且对其他学科也有现实意义。

比如,有名的哈雷彗星绕太阳运行的平均周期是 76 年,它出现的时候气势壮观,明亮易见。我国的《春秋》一书记载:"鲁文公十四年(公元前 613 年)秋七月,有星孛入于北斗。"这是世界上最早的一次关于哈雷彗星记录。

石刻青龙星座

从春秋战国到清末的两千多年间,哈雷彗星出现了 31 次,我国都有详细记载。20 世纪初,有两个英国人曾经把我国古代哈雷彗星的记录跟他们的计算相对照,结果都比较符合。近年来,有一个美国学者研究从 1682 年到 20 世纪的哈雷彗星运动,曾经引用我国有关的古代记录,来探索 1986 年哈雷彗星重新出现,并且研究太阳系中是否还有其他大行星在对哈雷彗星的运动施加影响。

又如,从殷代到 1700 年为止,我国共记录了大约 90 颗新星和超新星。18 世纪末,有人通过望远镜观测,在天关星附近发现一块外形像螃蟹的星云,取名叫蟹状星云。1921 年发现它在不断向外膨胀,根据膨胀速度可以反向推算出，这星云物质大约是在 900 年前形成的，是超新星爆发的产物。这星云既有光学脉冲、射电脉冲，也发射 X 射线和 γ 射线。这些辐射都有一个周期大约是 0.331 秒的稳定脉冲。这颗超新星就是我国《宋会要》所记载的公元 1054 年的"客星"。由于现在射电天文学的飞跃发展，为了寻找银河系里射电源和超新星的对应关系，外国学者都以极大兴趣研究我国古代的新星和超新星记录。在 20 世纪 50 年代以后，我国天文工作者先后整理发表了古代的新星记录，其中分析我国古代 12 个超新星记录中，有八九个对应于射电源。这是我国古代在恒星观测上的一项重大成就，也是对现代天文学的一项重大贡献。

最古的新星记录（甲骨上的卜辞的年代约为公元前 1300 年）

　　再如，世界天文学家一般都认为，由太阳黑子数所决定的太阳活动性，它的周期规律至少已持续了几百年，但是在 17 世纪到

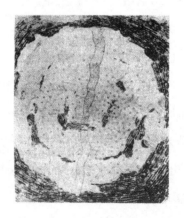

1974 年在洛阳北魏墓室内发现的 1400 年前的星象图

18 世纪初期的 70 年间,因为没有找到太阳黑子活动的记载,就以为太阳的黑子活动中断了,把这段时间定为"太阳活动的衰落期"。我国保存有长达 2000 多年的天象资料,南京紫金山天文台两位天文学家从我国地方志上查到了太阳黑子活动的大量记载,在 19 种地方志上有 23 条关于 17 世纪的黑子记录,其中有 6 条就在"太阳活动的衰落期"。这两位天文学家在对这些资料进行研究以后,写了一篇论文,认为 17 世纪太阳活动一直是正常的,它的变化周期和目前一样,接近 11 年。所谓"太阳活动的衰落期"的说法,是由于资料不足造成的假象。这项科研成果引起了国际天文学家的重视。

我们祖先孜孜不倦地观测所留下的古天象记录,在今后人们更深入地认识宇宙、探索规律的过程中,必将起到它应有的作用。

我国古代的历法成就

现在世界通用的公历,也叫阳历,以地球绕太阳转一圈的时间定作一年,共 365 天 5 时 48 分 46 秒。世间最古老的一种历法叫阴历,以月亮圆缺一次的时间定作一个月,共 29 天半,阴历一年只有 354 天左右,它不能反映季节。现在我国还在使用的农历,实际上是一种阴阳历——它跟阴历一样,也以月亮圆缺一次定作一个月,大月 30 天,小月 29 天;可是它又用加闰月的办法,使得平均每年的天数跟阳历全年的天数相接近,来调整四季。

郭守敬

历法最初是因农业生产的需要而创制的,因为农事活动跟四季变化密切相关。我国农业有特别悠久的历史,我国历法的起源也同样很早。我国历代历法,据史书记载,共有 99 种,但大多已经失传。留存下来最早的成文的历法,是周代的古阴阳历。我国古代的历法,大多使用传统的阴阳历。我们的祖先在春秋时期,首创用十九年七闰的方法非常精确地来调整阴阳历,这是一项具有世界意义的伟大贡献,比希腊人发明这个方法早了一百六十年。春秋以后,秦代的颛顼历和汉代的太初历都以 365.25 天为一年,这是当时

河南周公测影台

世界上所使用的最精密的数值，跟后来罗马凯撒所颁布的著名的儒略历相同，但是我国使用这个数值比儒略历要早好几百年。到元代，郭守敬集古今中外历法之大成，创制颁布《授时历》，每年的天数精确到365.2425天，跟实际地球绕太阳一周的周期只差26秒，跟现行公历的一年周期相同，但是郭守敬的《授时历》比公历早了300多年。

历法的改革和完善，主要以天文观测逐步精确为依据。我国古代出现了好几位世界著名的天文学家，他们在古代天文学上的成就，为我国历法一直处于世界领先地位提供了厚实的基础。

一行

我们的祖起初都使用土圭日影长度测定冬至的精确日期，来测量地球绕太阳一周的精确天数，测得一年是365.25天。用这个数值制定历法，在当时来说，已经是够精确的了，但年头一久，小小的误差累积起来，使当时的历法显得不那么完善。南北朝时期的祖冲之想出了一个新方法，不直接观测冬至那天土圭日影的长度，而是观测冬至前后二十三四天的日影长度，再取平均值，求出冬至发生的日期和时刻，测得一年是365.2428天，这在当时来说，是最精密的。后来元代郭守敬首创天文仪器"景符"观测冬至日影，测得一年是365.2425天，这是中外历史上所使用的真正最精密的数值。

北齐时张子信用浑仪发现地球沿椭圆轨道绕太阳运动，每天实际运行的距离是不等的，这一发现不久就应用在修订当时的历法中。唐代著名天文学家一行更测得冬至前后日行最快，夏至前后日行最缓，一行用这种发现制定了《大衍历》。

古人早在战国时期就观测到月亮在自己的椭圆轨道上运动，运行速度也有快慢。张衡也研究过这个问题。后来在刘洪制定乾象历中第一次考虑到了月行的快慢，求得近点月（月亮实际绕地球一周的时间）是

27.55336 天,跟现在测得的值 27.55455 天相差不远。

　　我国劳动人民从生产需要出发,还在战国末期独创了二十四节气。节气完全是太阳位置的反映,因此也就是气候寒暖的反映,与农事活动关系密切。首先产生的是对冬至、夏至的认识,对春分、秋分的认识也很早,全部二十四节气的名称最早出现在西汉《淮南子·天文训》一书中。二十四节气早就应用在历法中,这也是我国古代历法优越的地方。

先进的记数法

无论多么大的自然数,只需用 1、2、3……9 加上 0。这十个数码,按不同位置进行排列,就能把它表示出来,这是现代最普通的记数法。由于它太简单了,连小学生都能做到,因而,人们并不觉得这种"逢十进一,按位定值"的记数方法有什么可以称道和推崇的地方。

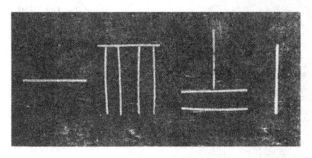

中国古代算筹记数法

但是,在古代,许多国家和地区并不是像现在这样记数的,要记一个大数,得用一大堆符号相加或累积起来。例如,8642 这个不算大的数,古罗马人就写成:

MMMMMMMMDCXXXXII

古埃及人则把它写成:

请看,仅仅是一个四位数,古罗马人用了 16 个符号,古埃及人则用了 20 个符号,相当于现代记数符号的四倍和五倍。如果要记更大的数,繁杂程度就更为突出了。"一百万"写成 1000000，合起来七位，用一个"1"和六个"0"排起来就可以了。写成乘方，$1000000 = 10^6$ 就更简单了。但是，因为古罗马那时没有比一千更高的数位表示符号，要表示"一百万"，就只能在一张大纸上，花费几十分钟，连续写上一千个"M"。用现代的眼光看来，那是多么笨拙的记法啊！相比之下，现代"逢十进一，按位定值"的记数法就显得十分先进和奇妙了。正因为这种记数法十分简单明了，容易掌握，所以马克思称赞它是"最妙的发明之一"。

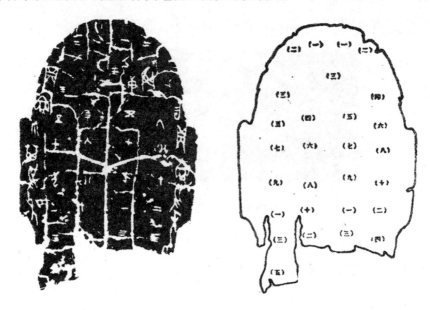

甲骨文中的十进制记数

值得我们中华民族自豪的是，从有文字记载开始，我们勤劳的祖先就用十进位值制来记数和进行计算了。甲骨文上用一、二、……十、百、千、万等字的合文来记十万以内的数，就是最好的证明。

我国记数的符号，经历了商代甲骨文、西周钟鼎文、春秋算筹体到现代体这几个阶段的变化。用甲骨文和钟鼎文记数时，个位和现代相同，

陕西出土的西汉骨算筹

十位以上要在符号中加上十位、百位、千位、万位的标记。例如2656这个数，在甲骨文的"二〇又介"这四个符号的十、百、千位上，要加上"年、西、丨"这三个位值标记，写成"年西又介"。到了算筹体，专门表示位值的标记取消了，算筹体分成横排纵排两种符号，用时按"一纵十横，……"隔位交叉使用，排在十位就表示十的倍数，排在百位、千位，就表示百、千的倍数。2656写成"二丅又丅"，5536701写成"Ⅲ三Ⅲ⊥丅〇丨"，不论多大的自然数，都只用1至9加0(开始用空位表示)这十个符号表示。和现代比较，只是符号不同罢了。

先进的记数法对于数学的发展是重要的。3000多年前，我国就已使用十进位值制，这是我们祖国对世界科学发展做出的伟大贡献。

据史料证明，古巴比伦一直像后来的罗马数码那样，用相加或累积法记数；埃及也遵循累积制；印度到了6世纪才开始使用十进位值制。这几个文明古国使用十进位值制都比我国晚得多。至于欧洲，直到10世纪才出现"印度数码"，更比我国晚了2000多年。

十进位值制在我国古代还被广泛用来改进度量衡制，在绘图上也得到充分使用。例如：

1 丈＝10 尺＝100 寸＝10^2 寸；

1 斗＝10 升＝100 合＝10^2 合。

绘图时先画大方格，每边分成十小格，每小格代表一里，每大格代表一百里。这方面更是我国古代独一无二的发明，比欧洲人遥遥领先了一千年。

割圆术和圆周率

在计算圆面积和球体积的时候,必须利用圆周率 π,也就是圆周长与直径的比值。π 值的日益精确可以作为各个时代数学水平的量度。在这方面,我国古代的刘徽与祖冲之的贡献,就像数学皇冠上的明珠那样闪闪发光。

刘徽是魏晋时代人,他在数学方面的卓越贡献就是提出了著名的"割圆术"。割圆术是他用以求得更为精确的 π 值的方法。刘徽先是发现了古代使用的圆周率"周三径一"极不精确,因为"周三径一"实际上是圆内接正六边形与直径的比值。于是,他由圆内按正六边形算起,一次次把多边形的边数加倍到 12 边、24 边、48 边、96 边,发现边数

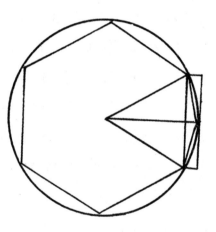

刘徽割圆术示意图

越多,正多边形周长就越接近圆周长。当他算到 192 边形的面积时,得出 $S_{192} = 3.14 \frac{24}{625}$,π = 3.14124,后来他又继续割圆,计算了圆内接正 3072 边形的面积,得出了更为精确的 π 值,$π = \frac{3927}{1250} = 3.1416$。这两个 π 值的精度,已超过阿基米德和托勒密取得的成果。刘徽提出的方法,如

果有必要,还可以继续"割"下去。因此,"割圆术"的方法,不但在当时是无与伦比的,就是在现代仍具有现实意义,影响非常深远。

刘徽是第一个对求 π 值进行理论研究的数学家。他在总结"割圆术"时,提出"割之弥细,所失弥小,割之又割,以至于不可割,则与圆合体而无所失矣"。这是最古老的极限概念和直曲转化的辩证思想,对于后世高等数学的极限理论的发展,具有十分重要的意义。

继刘徽之后,南北朝的祖冲之把圆周率推算到更加精确的程度。祖冲之经过计算,确定了 π 的不足近似值是 3.1415926,过剩近似值是 3.1415927,π 的真值在两个近似值之间,用式子表示就是:

$$3.1415926 < π < 3.1415927$$

这样,π 的精确值就达到了小数点后七位。在 1500 年前,求出这样精确的近似值,确实是举世无双的。祖冲之的成果一直领先了 1000 年。

祖冲之

祖冲之的时代,小数点后的数一般都用分数表示。祖冲之对圆周率确定了两个值,一个是约率,$π = \dfrac{22}{7}$;另一个叫做密率,$π = \dfrac{355}{133}$。约率是前人用过的,密率则是祖冲之的发明。

π 值是一个无限不循环小数,现代有人利用电子计算机求 π 值,得到小数点后一万位左右的数值,但是,在实际应用 π 值时,目前的科学技术工作,还没有超过用小数点后七位的。电子计算机求出的小数点后万位数值,它的实用价值并不太大。祖冲之的研究成果,过了 1500 年,仍在今天科学技术领域里被广泛使用。因此,有充足的理由把 $\pi = \dfrac{355}{113}$ 叫做"祖率",以纪念这位杰出的数学家。

中国剩余定理

　　我国古代数学渊源久远，而且一直独立地发展，在世界数学史上是风格独特的体系。有许多复杂的数学问题被编成趣味盎然的游戏题目，让人们在文娱活动中去猜算，有些题目的解答还编成诗歌的形式，启发人们去思考。例如"韩信点兵"这个古代数学中的著名题目，它的解答就是一首七言的"孙子歌"。歌词是：

　　　　"三人同行七十稀，五树梅花廿一枝，

　　　　七子团圆正半月，除百零五便得知。"

因为它饶有兴味，顺口好记，所以流传甚广，甚至远渡重洋，输入日本。

　　"韩信点兵"的内容是什么呢？原来它出自古籍《孙子算经》的"物不知数"，"有一批物件，不知道它的数目，三个三个地数最后剩两个，五个五个地数最后剩三个，七个七个地数最后剩两个。问这批物件一共是多少？"答数是 23。解法是：三个三个数的取数 70 和余数 2 相乘，五个五个数的取数 21 和余数 3 相乘，七个七个数的取数 15 和余数 2 相乘，把三个乘积相加，再减去 105×2，就得到答数。"孙子歌"中的 70、21、15、105 就是解题要取的数。至于为什么要取这几个数？《孙子算经》没有说明。因此，很长一段时间，人们对这种解法是知其然而不知其所以然。

　　《孙子算经》的作者，不知是哪个年代的人，后世常把作者和著名军事家孙子联系起来，喜欢把一些颇费脑筋的计算同用兵方略连在一起。据说鬼谷先生是军事家孙膑的师傅，有人就把"孙子问题"叫做"鬼谷算"。因为韩信善于用兵,后人又把"孙子问题"叫做"韩信点兵"。

　　"韩信点兵"问题经过历代数学家的研究补充,特别是一些天文学家在观察天象编写历法的时候,经常要计算某个节气和某月初一多少年后重合,要用到类似"韩信点兵"这种求同余的问题,使这种问题得到了发展。到了宋代,秦九韶集前人之大成,把这类问题归纳为求一次同余问题,提出了"大衍求一术"。

　　对于"韩信点兵"问题的解法,我们可以设要求的未知数是 N,列成式子,实际上就是求不定方程组:

$$N＝3x＋2,N＝5y＋3,N＝7z＋2$$

的正整数解 N。如果用现代数论符号来表示,就等价于求下面的一次同余组:

$$N≡2(\mod 3)≡3(\mod 5)≡2(\mod 7)$$

这个式子的 N 是要求的未知数,mod 叫做模,也就是表示用 3 去除 N 余数 2,用 5 去除 N 余数 3,用 7 去除 N 余数 2。无论是解不定方程组,还是求一次同余组,都要进行一系列推演计算,也都先要弄清楚一些基本概念。

　　用秦九韶的"大衍求一术"去解"韩信点兵"的问题,只要明白一些基本概念,就会觉得道理清楚,解法简单了。例如。3、5、7 这三个数是问题中给出的数,叫做"定母";三个定母的最小公倍数叫做"衍母";这三个定母中的两个数相乘的积是另外一个数的"衍数"。一个衍数和什么数相乘后再用定母去除才能余 1 呢?这是求同余问题要先求出来的,这个数叫做"乘率"。求"乘率"是采用求最大公约数时的辗转相除的方法。有了"定母""衍母""衍数""乘率"这些基本概念,就可以进行计算了。计算的方法是这样的：先列出一表，按问题条件标明定母、衍母和衍数。如下表：

行次	定母	衍母	衍数
一	3		5×7＝35
二	5	3×5×7＝105	3×7＝21
三	7		3×5＝15

然后，把每行的衍数乘上求出的乘率，再乘上问题给出的剩数，这三个数相乘的积，叫做"用数"，三行用数相加叫做"总数"，拿这个总数去减衍母的倍数，剩下的差数就是我们要求的数。减衍母的倍数，根据什么来确定呢？要看总数的大小而定，总数等于 n 倍，就减衍母的 n 倍。在"大衍求一术"中叫做"累减衍母到不足衍母"，意思就是用总数一次一次地减去衍母，使剩下的数小于衍母就不再减，剩数就是所求数。把解法列成表如下：

行次	衍数	乘率	剩数	用数
一	35	2	2	35×2×2＝140
二	21	1	3	21×1×3＝63
三	15	1	2	15×1×2＝30

总数＝233

累减衍母二次，即减去 105×2＝210

所求数＝23

秦九韶的"大衍求一术"，大大超越了前人，他所研究的问题是剩余定理的问题，是一项卓越的数学成就。传到西方后，受到西方学者的高度评价,他被誉为"最幸运的天才"。他在 13 世纪研究取得的成果,一直在世界数坛上遥遥领先、鳌头独占。到了 18 世纪,欧洲的欧拉和高斯先后分别研究了一次同余式,得到了和秦九韶相同的成果,但是却晚了五百多年。因此,西方的数学史家称赞秦九韶是"他那个民族,他那个时代,并且确实也是所有时代最伟大的数学家之一"。"大衍求一术"也被世界数学界公正地称做"中国剩余定理",这是中华民族的骄傲。

《墨经》中的物理学知识

我们祖国历史上，有令人惊叹的文学艺术和工艺技术，还有在许多方面一直领先的自然科学理论。早在公元前4世纪，我国就有了世界上最早的物理学基本理论。《墨经》中关于物理学的论述，就是最典型的例子。

《墨经》的作者是战国时期墨翟和他的学生，后人把他们叫做"墨家"。《墨经》全书包括《经上》《经下》《经上说》《经下说》四篇。论述的物理学内容有力学、声学和光学等，其中最精辟、最受人推崇的是几何光学部分。

墨家是一批实践家，他们提出的理论，都通过实验加以证明。《经下说》记载的"小孔成像"，是墨家进行的十分动人的实验，也是世界上最早进行的光学实验。墨家通过对光的长期观察，认识了光的直射性质，提出了光沿直线传播的理论。

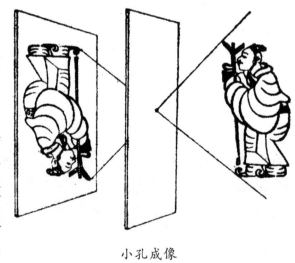

小孔成像

为了验证这个理论，他们在一间黑暗小屋朝阳的墙上开一个小孔，让一个人对正小孔站在屋外,屋里相对的墙上就出现一个倒立的人影。为什么会出现这种奇特的现象呢？墨家解释说:光穿过小孔如同射箭一样,是直线行进的;人的头部遮住了上面的光,所以成影在下面;人的足部遮住了下面的光所以成影在上面,这样就形成了倒立的人影。墨家实验证明的是成影,成影和成像的原理相同。2000 多年前,对几何光学就能提出这样严谨、科学的解释,说明我国古代物理学的水平是相当高的。和墨翟差不多同时代的希腊柏拉图学派,虽然也认识了光的直线传播和反射,但是,他们提出光学理论要比《墨经》晚,水平也没有超过《墨经》。

墨家对于凹、凸面镜也作了深入的研究,最早也最明确地提出了类似现代的焦点、焦距、球心这样的概念,对于后来光学的发展,起了很重要的作用。

《墨经》对于力学的论述比较集中,提出了力重相当的概念,认为用多大力就举多大的重物。墨家最早认识到力臂和平衡的关系,提出了杠杆原理。墨家对于材料力学的研究和见解很吸引人,他们认为一根头发是否能够

曹冲称象

负担巨大的重量,关键在于毛发的结构是否均匀,承受的重力是否均匀,这就是著名的"毛发引重""一发千钧"的讨论。当然,任何材料都有它的极限强度,超过限度,就会折断碎裂,墨家没有涉及这点。但是,在远古的年代,他们就能对力进行分析,在物理学上的意义是十分重大的。

墨家提出的"浮力原理",后来曾被三国时代的曹冲用来称大象的重

量,成为物理学上的趣谈。关于声学,墨家提出的"埋瓮听声"守城法,也是古代物理学的显著成就。

现在的经典物理学,常常提到"杠杆定律"和"阿基米德定律(浮力定律)"。其实,阿基米德的理论水平没有超过《墨经》,研究的范围也比《墨经》要小,提出的时间比《墨经》也晚了整整一个世纪。这就证明,《墨经》的物理学成就是十分突出的,它是我们祖国古代科学技术方面比较系统的理论典籍。

炼丹术中的化学成就

炼丹术是古人炼制丹药的方术。提起它,人们就会想起上古时代"太上老君炼丹成仙"的故事。公元前 2 世纪,我国就已经有了炼丹术的记载。有些古人认为:没有五谷,人就要死;金丹是上品神药,对人的补益万倍于五谷,人服后,身体就会借助丹药,像黄金那样坚固,不老不死。这种炼丹术的理论根据,是反科学的邪说。这种炼丹的目的——"长生不死",是愚昧的妄想。

但是,历代炼丹家,例如东晋的葛洪等人,在劳动人民生产经验的基础上,亲自采集植物、矿物,开炉炼丹,他们观察了大量的自然现象,积累了丰富的化学知识,客观上为后世化学的发展打下了基础。因此,炼丹家的贡献是不可磨灭的,炼丹术的化学成就是不可否认的。

我国四大发明之一的火药,就是炼丹术对于世界文明最伟大的贡献,也是古代炼丹术中最辉煌的化学成就。据《真元妙道要略》记载,炼丹家用硫、硝、炭掺合在一起,用火烧它,随即喷出火焰,迅速燃烧起来,把人的手和脸都烧伤了,房屋也烧光了。这场事故造成的损失是严重的。但是,炼丹家却从事故中认识了硫硝炭混合物见火就迅猛燃烧的性质,从而发明了火药。

葛洪

炼丹术分成火法和水法两种,火法就是冶金性质的无水加热法,水法就是溶解法。不论是火法还是水法,都必须有一套设备和工具。炼丹家们设计制造了丹炉、华池、坩埚子、抽汞器、蒸馏器等,这些设备和工具,经过后世炼丹家的实践,逐步地加以改进,变得更加完善。今天化学实验的一些设备,就是由古代炼丹用的设备改进而成的。

漫长的炼丹过程中,炼丹家的实践大致包括三个方面:把矿石、金属经过化学处理炼成"长生"药的研究;想把普通金属变成黄金、白银的冶金研究;把植物制成"长生"药的研究。因此,炼丹家对于矿物、金属和植物进行了大量的采集和炼制。经过反复实验,他们观

抽炼水银的"飞汞图"

察了上百种物质的变化,对许多单质、化合物的物质组成、性质有了充分的认识,为后来的无机化学和有机化学的发展打下了基础。

现代化学用人工合成化合物的方法,也是来源于炼丹术。公元 2 世纪,《周易参同契》一书里,就有炼丹家把红色硫化汞加热分解成水银,将水银和硫黄掺和加热、升华变成红色硫化汞的记载,这是化学史上最早的人工合成化合物的方法。

用水法炼丹,古人也取得了许多至今仍然有效的化学工艺,例如:把酸碱反应和氯化还原反应统一起来加以运用的方法,利用溶解度不同制取药物等。炼丹家异想变铁为金,结果没有得到金,但是却发现了在水

溶液中金属的置换,这就是后来水法冶金的起源胆铜法。

炼丹术最早源于我国。现代化学正是在炼丹术的基础上发展起来的。我们中华民族为化学的发展,做出了十分重大的贡献。

我国古代的气象观测

在我国一些古代宫殿式建筑物的屋顶上，有时可以看到工匠精心刻制的飞禽类装饰品。这种装饰品原来并不是建筑师和工匠设计的，据说最初是古人装在屋顶上的风向仪。史料证明：公元前一百多年，我国西汉时期就曾在长安（今西安）的建章宫的屋顶上安装了两个铜铸的凤凰，铜凤凰下部有一根圆轴，插在一个圆槽里，使凤凰能够转动。来了风，吹动凤凰，人们就可根据凤凰转动的方向来测定风向。后来，发现铜凤凰的测风效果不好，又在长安宫的灵台（观象台）上，专门安装了一个候风仪——相风铜乌，铜凤凰装在屋顶上后来就变成一种装饰品了。

相风铜乌

用"相风铜乌"测定风向，是世界上最早的固定式候风仪之一。2000年前，我们的祖先就已研制测定风向的仪器，这说明我国古代气象观测的成就是很大的。

我国古代有很多有关气象观测的记载，在计量工具、预测预报等方面，长期以来走在西方的前面。

我们勤劳的祖先在上古时代就注意观察天气现象,积累了丰富的气象知识。《诗经·豳风·七月》记载了七个月中的自然现象和农事活动,这是世界上现存最早的物候记载。至于专门的物候学著作,就要首推战国时期成书的《夏小正》了,这也是世界上现存最早的物候学专著。

云彩的变化,人眼可以看到,而空气湿度的变化就看不见,需要用测湿仪器来测量。我国很早就用这种仪器来测量湿度了。公元前2世纪,就已有天平式湿度计的记载。测湿仪象天平,一边放羽毛,一边放炭。如果炭受湿,重量加大,两边就不平衡,如果空气过于干燥,炭变轻,两边也不平衡。这种测湿仪是世界上最早的,欧洲过了1600多年,才有类似的湿度计。

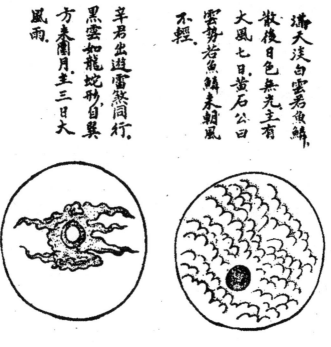

白猿献三光图

霜冻和冰雹对农业生产的危害是巨大的,古代劳动人民早就总结了预测霜冻、冰雹的知识,研制了预防霜冻、消灭雹灾的办法。《齐民要术》就有预计霜冻来时,在地头点燃无焰火,用烟熏防冻的办法。《广阳杂记》记载了甘肃地区人民用火炮消除冰雹的方法。用人工方法消灭雹灾,在世界上我国也是首屈一指的。

"云变天变",古人总结了这个规律,把云的变化画成图,用来预报天气变化,叫做云图。我国14世纪编的《白猿献三光图》,就载有云图132幅,图上都注有天气变化,这些注解的绝大部分同现代的气象学原理相同。而欧洲到了18世纪才有16幅云图出版。

至于制造统一的测雨工具,我国在宋代就已开始了。我国幅员辽阔,中央政府为了了解各地的降雨、刮风等天气变化情况,在汉代就规定了地方向中央报告雨情的制度。到了清康熙年间,更进一步提出了建立统一气象观测网的设想,规定各地要测定风雨情况,凡起风下雨就向中央奏报。这样,就得到了同一日内北京刮西北风,山东等地刮东南风的不同记录,这也是世界上关于锋面不连续的最早的发现。

在气象理论方面,公元1世纪的王充和11世纪的沈括,都有突出的成就。特别是王充关于雷电形成的学说和潮汐形成的学说,深刻地批驳了迷信思想,对自然现象作了朴素的唯物主义的解释,是很难能可贵的。

我国古代的遗传育种

　　无论在国外还是国内,遗传育种是目前农业科学技术活动中最活跃的一个领域。我国古代的遗传育种方法,曾经在世界上放射异彩,至今仍在生产上广泛应用。

　　我国是世界上最大的动植物起源中心之一。很多家养动物和栽培植物,包括绚丽多彩的花卉和金鱼在内,是我国古代劳动人民从野生动植物驯养和培育出来的。在实际生产劳动中,我们的祖先认识到遗传(如"类生类")和变异(如"一树之果甜酸各异")是普遍现象,并且通过改变营养条件、人工选择、杂交育种等实践和研究,创造性地培育了丰富多样的动植物优良品种。

　　古人很早就认识到环境条件的改变对生物变异的巨大影响。所谓"随人力之工拙而移其天地所生之性,故异容异色间出于人间",说的就是这个意思。

　　早在2000多年前的《氾胜之书》一书里,就记载了"存优汰劣"人工选择育种的穗选法:"取麦种,候熟可获,择穗大强者"收割下来,收藏好,"顺时种之,则收常倍"。到北魏,在我国现存最古而又最完整的农书《齐民要术》里,关于人工选择选育良种的记载就更多了,在猪、羊、鸡、蚕和黍、粟、穄(糜子)、秫(高粱)等畜禽和作物上普遍应用。可见我国早在达尔文之前,人工选择选育良种已经达到了相当高的水平。所以达尔文在他的名著《物种起源》一书里,系统地描述过中国关于金鱼人工选择的过程和原理,并且说:"中国人曾经运用这些相同的原理于各种植物和果树上。"他还说:"如果以为选择原理是近代的发现,那就未免和事实相差太远……在一部古代的中国百科全书中已经有关于选择原理的明确记述。"

我国早在春秋时代,就已经有了杂交育种和杂种优势利用的记载。繁殖骡子是远缘杂交和利用杂种优势的典型例子。春秋时代母马配公驴生的骡子叫"骡(赢)",母驴配公马生的骡子叫"駃騠"。公元6世纪《齐民要术》一书里记载更详细:"赢:驴复马生骡则难,常以马复驴,所生骡者,形容壮大,尔复胜马。"《本草纲目》里说:"骡大于驴而健于马"。马和驴杂交产生杂种骡,结合了马和驴的优良性状,比马、驴都强:"骡耐走,不多病"。

无性杂交的嫁接技术,也是我国首创的。嫁接法最早见于《氾胜之书》。汉代以后嫁接技术发展到不同种的植物之间的嫁接。到金元时代,已经有了身接、根接、皮接、枝接、靥接和搭接六种嫁接方法,应用于桑树和果树的嫁接。嫁接的作用和原理,古人也已经有一定的认识:"一经接缚,二气交通,以恶易美,以彼易此,有不胜言者矣。"

我国目前推广的各种优良品种,除所谓"辐育×号"(辐射育种的品种)和"花育×号"(单倍体育种的品种)等之外,绝大多数还是用我们的祖先首创的常规育种方法培育出来的。

我国古代独特针灸疗法

1958年，我国医务工作者第一次用针刺麻醉代替药物麻醉，成功地施行了外科手术。针刺麻醉的诞生，在世界各国引起了人们的惊奇和很大的兴趣，他们纷纷来我国参观学习。现在，针刺麻醉已经在许多国家得到推广和应用。

针刺麻醉是在我国古代针灸疗法的基础上发展起来的。我国古代针灸疗法的情形是怎样的呢？

针灸疗法，是我国古代人民同疾病作斗争的有力武器。实践证明它有许多优点：应用范围广，可用于内、外、妇、儿、五官科等多

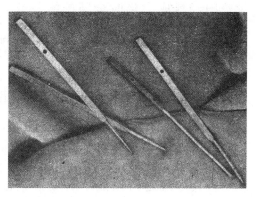

河北满城出土的西汉金针

种疾病的治疗和预防，治疗疾病的效果比较迅速和显著；操作方法简便易行，医疗费用经济；没有或很少有副作用。

我国人民在世界上，是最早应用针灸疗法治病的，针灸学术源远流长。早在原始社会，人们就应用"砭""灸"治病了，"砭"是针的前身。在湖南长沙马王堆汉墓中，发现了多种周代编写的医书，其中《足臂十一脉灸经》《阴阳十一脉灸经》中，记有各种疼痛、痉挛等局部症状和烦心、恶寒等全身症状，都是用灸法治疗的。战国时代的医书《黄帝内经》中，多

方面记述了针灸的适应症，并论述了各种脏腑疾病的针灸疗法；秦汉之际的《黄帝明堂经》、三国时期的《针灸甲乙经》，对每种疾病的针刺取穴，和每一腧穴的主治病症范围，都作了归纳整理。南北朝和隋唐时期，针灸著作不仅数量多，而且内容也更加丰富多彩，出现了彩绘针灸挂图。宋代针灸学家王惟一总结了前人的经验，编著了《铜人腧穴针灸图经》，成为当时全国的统一教材。还铸了两具刻有经脉腧穴的针灸铜人，铜人体内脏腑齐全，在体表腧穴旁刻有穴名。这种铜人，作为教学模型和针灸技术测验用。这在我国医学史和世界医学史上，都是个创举。

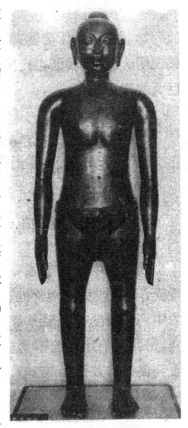

针灸铜人

针灸疗法之所以能卓有成效地治疗多种疾病是因为：一方面，针法的机械性刺激和灸法的温热刺激，能调节人体机能，增强机体抗病能力；另一方面，还同针灸的刺激部位和针灸所引起的机体传导作用有关。

我国古代独特的针灸疗法，在秦汉时期就传到了朝鲜、日本和东南亚各国，17世纪传入欧洲，至今仍为许多国家所采用。

我国古代除了针灸疗法外，还有其他丰富的医学遗产。2世纪的名医华佗，最早使用中药——麻沸散作为麻醉剂，施行全身麻醉的外科手术。我们的祖先还创用脉诊（切脉），来诊断病情，对症下药。有的医学著作对人体诸器官的位置、人体全身骨骼的部位和作用,作了详细说明。

总之,我国古代医学遗产对我国医学和世界医学的发展起了巨大的作用。

你真的了解四大发明吗

（一）

我曾经听到几位少年议论：

"什么呀！造纸术也算什么'四大发明'之一？造纸，有什么了不起的！"

"就是！一个小笔记本，又薄、又轻、又便宜，才一元钱，还算大发明呢！"

同学们，要是让我说呀，我们祖先发明的造纸术，就是伟大在造出的纸"又薄、又轻、又便宜"！不信？你听我慢慢说——

人类文明的发展，离不开文明的传播和交流，这就需要"记录"。咱们中国记录文字的材料有一个发展过程。最早，商朝时期，人们把文字刻记在龟甲、兽骨（多是牛的肩胛骨）上，所以后来叫它"甲骨文"。同时，人们还把文字铸在钟、鼎等青铜器上，所以又叫"钟鼎文"或"金（金属）文"。我国已经出土的"甲骨""钟鼎"非常多，证明三四千年以前，我们的祖先的确是以龟甲、兽骨和青铜器作为记录材料的。这种材料的缺点太明显了：甲骨不光规格各异，而且来源太少；青铜器则太沉、太笨、太贵重。

后来，也就是在战国、秦、汉时期，人们开始把文字刻写在一定规格的竹片、木片上，再把这些竹片、木片用绳子串起来，形成"册"，这就是竹简、木牍。它们比甲骨、青铜器规格、轻便、易得，但是，作为书写工具仍然太占地方、不宜保存；而且串竹木简的绳索年久朽断，简片一乱，更难成"册"。秦始皇统一全国之后，天天要看全国各地送来的文件、报告，每天要由人扛来100多斤竹木简，多么笨重呀！试想，如果今天的小学生没有纸，还要靠竹木简，那么光语文、算术等课本，就得装满一麻袋！更不用说笔记本、练习本了。

为了克服这一缺点，我们的祖先还把文字抄写在帛（丝织品）上，成为帛书或帛画。人们把帛书卷起来保存，就形成"卷"。原来汉字的"册""卷"就是这么来的。帛书是比竹简、木牍轻便百倍，但也昂贵百倍。就是在今天，恐怕也没有人舍得买丝绸当纸吧！

因此，纸的出现，正是书写材料的革命。1957年，西安市东郊灞桥出土了公元前2世纪的古纸。也就是说，灞桥纸证明了，至少早在2200年以前，我们的祖先就发明了造纸术。

蔡伦

但是，灞桥纸的造纸原料主要是麻，仍然来源不多、价格较高、难以大量推广。到了105年的东汉时期，在皇宫中负责手工造纸作坊的蔡伦，终于在前人创造的基础上，使用树皮、麻头、破布、旧鱼网等原料，造出了质地良好、便于书写的用纸，呈献给朝廷。很快，这种原料充足易得的造纸术迅速发展推广，便宜又好用的纸张也在国内广泛使用。蔡伦改进造纸术、推广纸张的使用，功绩是很大的。蔡伦时期的纸（叫"蔡侯纸"）在我国不断出土，更证明了纸的使用开始得到普及。

这个时期，西方使用什么作为书写材料呢？文明古国埃及使用最多的是莎草(也叫纸草),它又脆又薄,难以保存。欧洲、西亚流行用羊皮书写,光一部《圣经》就得用 300 张羊皮。所以,这些地区文明的发展、传播之慢,是可想而知的。

我国的造纸术是 7 世纪的唐朝前期,经过朝鲜传入日本,100 年后经中亚传到阿拉伯。阿拉伯最早的造纸手工工场,几乎都是我国造纸工人传授技术后才兴建起来的。由于阿拉伯对欧洲的交通、贸易发达,阿拉伯纸和造纸术随后传入了欧洲,逐步取代了传统的羊皮和埃及莎草。欧洲各国使用中国造纸术,比我们晚了 1000 年!

蔡伦造纸图

由此可见，纸的"伟大"正是由于它"又薄、又轻，又便宜"，才能迅速推广使用，从而大大促进了世界文明的交流和发展。

（二）

文明的传播、交流和发展，还离不开印刷术。印刷术是继造纸术之后，我们的祖先对世界文明的又一项伟大贡献。

有的少年朋友会说，没有印刷术也没什么了不起，我可以抄嘛！

我说不然！抄书有两大缺点：一是慢，一本语文书或算术书，要发给全班 50 位同学每人 1 册，就得抄 50 遍！要发给全校、全市、全国又怎么办呢？二是容易错，特别是抄得长、抄得多了，错误是难免的，那损失可就大啦！

为了克服抄书的缺点，我们的祖先开始把文章，甚至把书刻在石头上，这些石刻就成为当时的"读本"，大家都照着这统一的"读本"抄。大约 1600 年前，人们又发明了"墨拓"，就是把坚韧的薄纸浸湿，平铺在石刻碑文上，轻轻地拍打，纸就凹进碑文中。等纸干了以后，往纸上轻轻刷墨，有字的凹陷部分沾不上墨。这样，揭下来的纸，就成为黑地白字的"拓本"。这样反复墨拓，就可以复制成同石刻相同的大量的拓本，比手抄快捷，而且绝对准确无误。

墨拓启发了我们的祖先，在距今 1300 年前发明了雕版印刷。其方法就是把文字反刻在一块块较硬的木板上（多为枣木、梨木）。一本书有多少页，就刻多少版。然后在版面刷墨，铺上纸，轻轻刷抹，揭下纸来，纸上就成为正字。我国现在发现的，目前世界上最早的雕版印刷品，是公元868 年刻印的《金刚经》。它是一卷 5 米多长的佛经卷子，文字和图都雕刻精美，印制清晰，说明雕版印刷术发展到当时，已经很高明了。可恨的是，这件无比珍贵的历史文物，竟被帝国主义分子盗走，至今还保存在英国的伦敦。

但是,雕版印刷虽然比手抄和石刻方便得多,但印一页就得刻一块版,仍然太费工了。宋朝初年的 971 年,成都雕印《大藏经》,共计 5048卷,需要 13 万块雕版,结果花费了 12 年才完工。而且雕后用过的板片,没有用途,再想印新的书,又得从头雕起,实在麻烦。

宋朝的平民发明家毕昇,是一位印刷专家,他在世界上第一个发明了活字印刷。他用胶泥刻字,一字一印,用火烤硬。印刷时,先准备好一块铁板,四周围着铁框,板面涂上松香、蜡和纸灰等,然后在铁框内排字。一个铁框就是一版,用火烤热,松香等熔化后,在上边用一块平板把一个个字印压平,就可以印刷了。印完后,再用火把药烤化,活字取下,可以再用。这就比雕版印刷又快、又方便、又经济。

毕昇

宋朝以后,我国又发明了用锡活字、铜活字和木活字印书。

早在唐朝时候,雕刻印本书就传到日本、朝鲜。欧洲人辗转学会雕版印刷,已经是 14 世纪末的时候了。活字印刷也是先传到朝鲜、日本,后来又从新疆,经丝绸之路传到埃及和欧洲。欧洲直到 1450 年前后,也就是毕昇发明活字印刷的 400 年之后,才在德国首先出现了用铅、锡、锑合金,制成拼音文字的活字来印刷书籍。

印刷术传到欧洲的影响实在太大了。当时,欧洲正处在封建制度下,只有僧侣可以读书和接受高等教育。而印刷术正好给文化的传播和欧洲文艺的发展(历史上叫文艺复兴)提供了重要的条件。

可以毫不夸张地说，没有中国造纸术、印刷术的发明和传播，就不可能有今天的文明。

（三）

小小的指南针，也算伟大发明吗？

今天的地球，真是显得太小了。不论多么遥远的地方，车、船、飞机，都可以方便准确地到达。然而你可曾想过，如果没有辨别方向的仪器，你就会在无边旷野、茫茫海洋、悠悠蓝天中迷失方向，永远到不了你要去的地方。

而这辨别方向的仪器，正是我们聪明智慧的祖先发明的。

早在战国时期，我们的祖先就用天然磁石磨制成光滑的勺子，勺底十分圆滑。把磁勺放在同样平滑的"地盘"（"地盘"是刻着方位的铜盘）上自由转动，最后，勺柄总是停在南方。这就是最初的指南针——司南。

到了宋朝初年，也就是距今约 1000 年前，人们已经会使用人工磁化的方法，制成了比司南进步的指南鱼和指南针。

指南鱼，就是把薄薄的铁片剪成鱼形，进行磁化。将指南鱼轻轻放在水面上，带有磁性的"鱼"（铁片）就可以指南了。

指南针，就是把钢针磁化（可以用天然磁石摩擦，使之带有磁性），使它带有指南的效果。在宋朝大科学家沈括编写的《梦溪笔谈》里，就记载了四种使用指南针的方法。

第一种：将指南针插在灯芯上，再浮在水面上；

第二种：将指南针的重心架在碗沿上；

第三种：将指南针的重心放在指甲背上；

第四种：用非常轻细的缕丝将指南针悬挂起来。

宋朝时候，我国航海技术是世界上最先进的，其中包括使用指南浮针辨别方向。一本叫《萍洲可谈》的书中，记述广州的大海船航行时，"晚上观看星星,白天观看太阳,阴天则观看指南针"。这是航海使用指南针的最早记录。

正是在宋朝时期,许多阿拉伯、波斯商人都喜欢乘中国海船,因为它船身大、坚固、航行快,更有指南针导航。这些阿拉伯、波斯商人把中国人民的又一大发明——指南针传入欧洲。此后,才有欧洲航海事业的迅速发展,以至后来的发现"新大陆"和环球航行,使亚洲、欧洲和美洲、澳洲用航船联结起来,促进了整个世界经济、文化的交流和发展。

(四)

提起四大发明中的火药,少年朋友最感兴趣。那春节期间五颜六色的鞭炮,那节日里升空的绚丽多彩的焰火,伴之以激动人心的声响,使每一个人久久不忘。

火药之所以被称为伟大发明,绝不仅仅因为它的娱乐性能,而是因为它对日后的战争和经济建设起了革命性的作用。想一想现代的枪、炮、炸弹,是怎样摧毁了刀、矛、弓箭;想一想开山、建筑使用的炸药,是怎样使人们抛弃了凿子、铁镐,你就会明白恩格斯说过的话:"火药和火器的采用,决不是一种暴力行为,而是一种工业的,也就是经济的进步"。也就是说,我们祖先发明的火药,促进了日后"工业的,也就是经济的进步"。

火药的发明十分久远。它为什么叫"火药"呢?原来,咱们的"中药"不光包括草药,还包括矿物药。早在汉朝问世的,我国第一部药书《神农本草》中,就把硝石、硫黄列为重要的药材。而硝石、硫黄(以及木炭),十分易燃,见火就着,所以人们叫它"火药"。

古时候的人想寻找长生不老之药,一些炼丹家(也是化学家)发现并逐渐掌握了硝石、硫黄、木炭的物性,并把这三种物质的粉末混合物,组成了火药——黑火药。

大家都知道汉末、三国时期的赤壁大战,讲的是孙权、刘备联军,在周瑜、诸葛亮的指挥下火烧曹操的战船,以少胜多的故事。大将黄盖就是把装满干柴的小船里铺上硫黄等引火物,外边用黑布盖严,化装成粮船,在接近曹操水寨时点起火来,借着东风,烧得曹军焦头烂额、战船成灰。这是"火攻"的著名战例。

到了距今 1000 年以前,军事家开始使用新型火攻武器"火药箭",就是在箭头上黏附着油脂、硫黄等易燃物,点着之后,立即射向敌军营帐或粮仓。后来又发明了"火炮"。据史书记载,宋朝时期已经有了生产火药武器的大型工场和作坊,每天可以生产火药箭 1000。多支,火炮二 20000万多支,规模实在不小。

同学们都看过《水浒传》,知道梁山一百零八将中,就有专门生产火炮武器的震天雷将军。可见火器连农民军都开始使用了。

有意思的是,后来的火器发明家利用火药燃烧喷射气体的反作用力,把各种形式的火药箭射向敌人,有单支的飞刀箭、飞枪箭等;有同时发射十几支、几十支、甚至 100 多支箭的"一窝蜂""百矢弧箭"等。这已经同现代火箭的发射原理一样,成为现代火箭的前身了。特别值得一提的是,明朝有一种叫"火龙出水"的火箭,先是点燃"火龙"身下的 4 支大火箭,利用反作用力将"火龙"从筒中射出;这 4 支火箭里的火药燃完之后,又引燃龙腹里的神机火箭,射向敌人。可见,"火龙出水"已经是早期的两级火箭了。

早在唐代,阿拉伯人把从中国传去的硝叫"中国雪",波斯人叫"中国盐",他们学会用硝治病和冶炼。而作为黑色火药,则是宋朝末期才由商人传入印度,又传入阿拉伯的。又过了几十年,也就是 13 世纪后期,欧洲人才从阿拉伯的书籍中知道了火药。像英国、法国这样的欧洲大国,直到 14 世纪中期，才有了应用火药和使用火药武器的文字记载。

历史已经证明，直到 18 世纪的 2000 多年间，我国在造纸、印刷、火药以及指南针的发明和应用上，一直居于世界先进水平。只是由于后来中国封建社会的腐朽、没落，和西方资本主义的发展，我国才逐渐落在了后边。

认识宇宙的竞赛

（一）

我认识一些身为中学生的"小天文学家"，他们有的夜观天象，绘制了厚厚的星图；有的制作天文望远镜，探寻穹宇的秘密。有这样一件真事：我国古代的天文记载说，战国时人们已见到木星和卫星；而近代的世界天文史却记载，是伽利略发明了天文望远镜，才看见"木卫"的微弱光辉。为了证明肉眼不用天文望远镜也可以看见"木卫"，为了从外国科学家手中夺回首先发现"木卫"的荣誉，中国的小天文学家经过认真学习和到野外、山顶进行目测、绘制星图，终于证明了肉眼可以观测到"木卫"，证明比伽利略早 1000 多年，我国天文学家关于"木卫"的记载是科学的、可信的。

是的，这是认识宇宙的竞赛呀！这种竞赛在世界上已经进行了几千年。在很长时期内，我国古代的天文学家，一直在竞赛中居于领先的地位。像前边讲的我国古代关于"木卫"的记载，就是记录在公元前 4 世纪的《甘石星经》上。

《甘石星经》是指后人把楚国人甘德、魏国人石申各自的天文学著作合在一起的称呼，这是全世界第一部"星表"。星表就是测量并记录下恒星在天体的位置。《甘石星经》中记录了 800 个恒星的名字，其中 121 个恒星的位置已经测定。书中还记录了金、木、水、火、土五大行星的运行情况，发现了它们的出没规律。《甘石星经》是世界最古老的天文学著作。

大家都知道，古希腊的天文学很发达。但是，古希腊最早的星表是大天文学家伊巴谷在公元前 2 世纪测绘的,比中国古代大天文学家甘德、石申晚了两个世纪!

（二）

如果说甘德、石申的"星表"只是把恒星的位置记录下来,是平面的、死的;那么,东汉时期大天文学家张衡,就使星图在人们面前变成立体的、活的了。

张衡自小勤学向上,他刻苦读书,为后来成为科学家兼文学家打下了坚实基础。年轻时代的张衡不满足于死读书,刚刚 17 岁就离开家乡南阳,外出"游学"。他游览名胜古迹,考察山川和社会,增长了知识和阅历。他又进入当时的最高学府——首都洛阳的太学,通过求学攻读,成为知名学者。由于他学识渊博,东汉政府多次征召他做官,都被他拒绝。相反,他把自己在洛阳、长安两个京都生活中观察到的贵族官僚的奢侈腐化,花了十年时间,精心创作出《两京赋》,对时事进行讽刺。

后来,张衡应召进京。他曾担任太史令,专管主持天象观测、编订历法等工作。在长达 14 年的太史令工作中,他做出了突出贡献——

117 年,东汉都城洛阳发生了一件震动全国、影响后世天文学的伟大创造,一台利用水力推动而自动运转的铜铸大型天文仪器"浑天仪"(也叫水运浑象)创制成功。浑天仪是一个巨大的空心铜球,球面上布满大小星辰。铜球在转动中,一半在地平圈上面,另一半则隐没在地平圈下面,每天铜球旋转一圈。到了夜晚,人们从升上地平圈的球面看到的星辰起落,竟然和室外天空的星辰出没完全一样! 这部诞生于 1800 多年前的精巧的天文仪器,正是大天文学家张衡创制的。

这部天文仪器为什么叫浑天仪呢? 当时,我们的祖先经过千百年对天象的观测、研究,出现了三种关于天体和宇宙的学说。第一种叫盖天说,它出现最早,认为天像是一个半圆形的罩子,盖在像倒扣着的盘子似的大地之上;第二种叫浑天说,认为大地是平的(后来发展为大地是球体),而天是浑圆的,日月星辰会升空或转入地下;第三种叫宣夜说,认为天没有固定形状,它充满气体、浩渺无际,日月星辰都飘在大气中。

张衡经过自己的长期观测和研究,采用了浑天说。他写道:"浑天,就像鸡蛋一样,天体像圆圆的弹丸;大地则像鸡蛋黄,被天包围在里边。"张衡正是根据浑天说,创制了这台当时世界上最先进的天文仪器。他还写出了《浑天仪图注》以及《灵宪》《灵宪图》等天文学著作。让我们再强调一句:浑天仪是世界上第一台有明确记载的、用水力推动的天文仪器。

张衡的天文学理论,有些在当时也是十分先进的。例如,他在《灵宪》中明确地说,月亮本身不会发光;月光是月亮反射的太阳光。他更形象地把太阳比作火,月亮比作水。他说:"太阳像火,月亮像水,火能发光,水能含影。所以,月亮发光的部分是受到太阳的照耀,而月亏无光的部分是因为太阳光被挡住了。"就是在今天看来,张衡的认识也是科学的、解释更是形象的,不论大人还是小孩,一听就懂了。

张衡观测地动仪

张衡是一位知识广博、贡献全面的大科学家。"地动仪"是他的又一杰出创造。中国是个多地震国家,自古以来有许多关于发生地震的记录,但到东汉时,还没有观测和记录地震发生的仪器。张衡发明的"候风地动仪"也是用铜铸成的,外形像一个高大的酒坛子。仪器内部有一个立于中央的"都柱",柱的四边有八条通道,叫"八道",每条道内都安装了发动机关。仪器外部铸有八条头冲下方的龙头,和仪器内部的八个发动机关相连,龙嘴中衔着一枚铜球。八条龙的龙头下方,正好蹲着八个张口向上的铜铸蛤蟆,时时准备承接龙嘴吐出的铜球。当某个地方发生地震时,仪器内的都柱就会倒向那个方向,触动那个方向的发动机关,使那个方向的龙头张开嘴,于是,龙嘴中的铜球当的一声落在下边那只蛤蟆口中,声音很大,报道地震发生的方向。

张衡的地动仪是132年创制成功的,许多人并不相信它的灵验。直到张衡去世的前一年——138年的二月初三,地动仪的一个龙头突然吐出铜球。可是,洛阳人并没有感到地震,许多人都说张衡的地动仪不灵,甚至有人说他是骗人的。没过几天,距离洛阳1000多里的陇西(今甘肃省东南部)飞马来报,说是二月初三陇西发生了地震,证明地动仪标示的方位完全正确。

地动仪是世界上最早的测定地震方位的仪器,比欧洲早了1700多年!

(三)

在张衡之后,唐朝的张遂又为我国夺得了一枚天文学史上的金牌——实地测量子午线。

张遂自幼好学,为人正直,包括他削发为僧,都是为了正直的原因。当时,女皇武则天当政,她的侄子武三思权高势大,可是学疏才浅。为了提高自己的声望,他要拉拢一些知名人士、学者到身边,光耀门面。武三思看中了年轻博学又有名望的张遂,要同他结交。可是张遂却厌恶飞扬跋扈的武三思,不肯同这种人为伍。为了躲避武三思的迫害,张遂到河南省的中岳嵩山当了和尚,法名一行。

一行学识渊博,读了许多书。当了和尚以后,他仍然努力钻研天文学和自然科学的基础——数学。为了学习数学知识,他步行几千里,到浙江天台山麓的国清寺,向精通数学的和尚请教。后来,他又步行千里,到湖北当阳县的玉泉寺,学习和钻研天文学。为了吸取古代成果,他又向当时知名学者请教,后来他成为全国闻名的科学家。

唐玄宗即位以后,改革政治,发展经济,使统一的中国出现了昌盛局面。717年,唐玄宗派专人将一行请到首都长安,接着,又任命他主持修编新历法。

一行是十分强调实地观测的。他首先同机械制造家梁令瓒一起,设计制造了崭新的天文仪器黄道游仪和浑天铜仪。

黄道游仪是测定太阳在天空中位置的仪器。本来是地球环绕太阳运行,每年一周。可是人生活在地球上,感觉不到地球运转,倒是看见太阳在空中运行。太阳在天空里运行的轨道就是黄道,测定太阳每天在天空中的位置,是编制历法所必不可少的。一行的黄道游仪,除了能测定太阳的位置外,还可以测量月亮和其他行星的位置。

浑天铜仪则是把张衡的浑天仪加以改进,在刻着恒星的铜球外面,加了两个可以转动的环,一个环上刻着太阳,另一个刻上月亮,所以,当浑天铜仪在水力推动下运转时,不但可以显现恒星的升落,还可以表示日月的升落。更有趣的是,浑天铜仪上还有两个水力推动的木人,一个每隔一个时辰(相当于2小时)敲一下钟,另一个每隔一刻(当时一昼夜分为100刻)打一下鼓,使浑天铜仪又兼有报时的功能。可以说,这是现代钟表的祖先,它比 1370 年才在西方出现的威克钟,早了 6 个世纪!

一行等人还创制了别的天文工具。有了仪器和工具,史无前例的大规模天文测量就开始了。这次观测以河南为中心,共 13 个点,北达铁勒(今内蒙古自治区以北),南到林邑(今越南中部),其中最重要的,是南宫说(姓南宫,名说。说音悦)等人在河南的四个点的测量最为重要。

这次要实地测量子午线长度。子午线,就是地球的经度线。测量子午线的长度,可以确定地球的大小,是地理学、天文学上的重要数据。

这次大规模实地测量,还纠正了以前的一些错误认识和数据,为编定新历法作了准备。

一行建议、组织的实测子午线活动,在世界上是第一次。在国外,90 年以后的 814 年,阿拉伯天文学家才第一次实测子午线,而在欧洲则更晚了。

724—725 年,一行领导实地测量子午线长度以后,又用了 8 年时间的精细计算,终于编成了新的历法《大衍历》。令人遗憾的是,就在一行完成《大衍历》初稿那天,他就过早地离开了人世,年仅 44 岁。

(四)

元朝时期,我国又出现了一位世界级的大科学家郭守敬,他在天文、水利、地学、数学、机械工程等许多方面都有杰出的贡献,其中以天文学方面的成就最为突出。

郭守敬诞生在金朝统治的我国北方,不久,新兴的蒙古族灭了金朝,后来又建立了元朝。元朝的第一个皇帝元世祖忽必烈比较重视发展经济和文化,尊重和使用汉族的优秀人才。三十岁刚出头的郭守敬就受到元世祖亲自接见。年轻有为的郭守敬当面向元世祖提出六条兴修水利的建议,深受元世祖赞赏,并被任命他领导兴修华北一带的水利建设。十多年以后,元世祖下令把郭守敬调到新成立的太史局,负责制定新的

郭守敬观天象

历法。

　　郭守敬认为："历法的根本，靠的是天文测验；而测验的工具，首先是天文仪器。"于是，他首先把主要精力投入到钻研制造新的天文仪器的工作中。三年之内，他一共制成 13 种天文仪器，其中最重要的有简仪、仰仪、高表等。

　　简仪是对前代天文学家创制的浑仪的大胆革新。宋朝的浑仪虽然精密，但构造太复杂，围绕圆心有三重八九个环，不但转动不灵活，而且挡住了视线。郭守敬制作的简仪，不仅同浑仪有相同的功能，而且结构简单多了，圆环的刻度还比以前精细，为了旋转灵活方便，还安装了滚珠轴承。郭守敬比欧洲应用滚珠轴承早了一个多世纪，而简仪的精细刻度,欧洲更是在三个世纪以后,才由丹麦人第谷所达到。

郭守敬还制作了夜间观测星辰月亮的天文仪器"窥几"。

1279年,郭守敬创制的天文仪器全部完成,一次史无前例的大规模天文测量——四海测验开始了。在大都(今北京市)建成了司天台,在全国各地又建立了26个观测点。各个观测点用郭守敬创制的、当时世界上最先进的天文仪器,进行了十分精细的测量,大量的测量数字纷纷传回大都,郭守敬则运用数学知识,进行了两年细致的计算,终于编制出我国古代最好的一部历法——《授时历》。

按照《授时历》计算,一年为365.2425天(也就是365日5小时49分12秒),比地球实际绕太阳一周只差26秒,真是太精确了!《授时历》和目前世界通用的"公历"(格里高利历)的一年周期完全相同,但却比1582年才实行的公历早了302年,又是一项世界第一!

中国古代在天文学上的辉煌成果为世界所公认!早在清朝初年,欧洲传教士汤若望看到郭守敬创制的天文仪器,不由得万分惊讶,称颂郭守敬为"中国的第谷"。他忘了,可以同郭守敬相比的欧洲大天文学家第谷,是在300年以后才制作出同郭守敬媲美的天文仪器。

数学桂冠属于谁

（一）

数学，是整个自然科学的基础。例如上一节刚刚介绍的天文学，就离不开精密的计算。中国古代天文学的辉煌成就，也是中国古代数学的辉煌成就。甚至，许多古代天文学著作本身，就是一部重要的数学著作。如2000多年前成书的中国古代数学名著《周髀算经》，实际是一部天文学著作，是讲述"盖天说"的。只是因为其中充满了当时最先进的数学内容，所以后代一直把它视为中国古代的数学名著。

你知道什么是勾股定理吗？就是直角三角形的两个直角边（"勾"和"股"）的平方和，等于这个直角三角形的"弦"的平方。也就是勾乘勾，加上股乘股，等于弦乘弦（勾×勾＋股×股＝弦×弦）。那么，同学们知道这个重要的数学定理，最早出现在哪个国家的哪部数学著作中吗？答案就是中国的《周髀算经》。

《周髀算经》中提出"勾三股四弦五"这一勾股定理的特例。让我们算一算，3乘以3，加上4乘以4，是不是正好等于5乘以5呢？《周髀算经》就是用勾股定理，以及复杂的分数计算，来进行天文计算的。在这方面，中国可是遥遥领先于西方。

如果确切地说，《周髀算经》原本是讲述"盖天说"的天文学著作的话，那么，同样是2000年前成书的《九章算术》，则是一部纯粹的数学专著。说得再准确些，它是全书分为九章的数学题专集。全书共有246个数学问题,以及每一个题的解法,分为九大类,一类就是一章。

《九章算术》是中国乃至世界数学史上的灿烂明星。例如,书中有整整一章是讲述"联立一次方程"解法的;而这种解法,实际上和现在咱们中学生在代数课上学的方法是一致的。而在欧洲数学家懂得这类算法时,已经是1500年以后的事了!

《九章算术》中还有其他"世界第一"记录呢,像负数的概念,以及正负数加减法的运算法则,也是《九章算术》在世界上头一个记载的。

《九章算术》问世后,一直被直接用作数学教科书。它首先东传,成为朝鲜、日本的数学教科书。后来又通过印度、阿拉伯传入欧洲,使他们学会了分数和比例的算法。阿拉伯和欧洲的一些早期数学著作中,把《九章算术》中的一些内容叫作"中国算法"。这部世界数学名著,不仅流传了2000年,表现了强大的生命力,而且被世界许多国家译成本国文字出版。

(二)

每个小学高年级学生都知道,和直角三角形计算中使用勾股定理一样,在圆的计算中,最重要的要算是圆周率 π 了。

圆周率就是圆周长度和直径长度的比值。它是一个无限循环的小数,而且各位数字的变化没有一点规律。

我国在汉朝以前,一般采用"周三径一"作为圆周率,即 π=3。当然,它太不精确,用它来计算会造成很大的误差。

三国时期的大数学家刘徽,为精密计算圆周率做出了杰出贡献。他在为《九章算术》作注时指出,"周三径一"不是圆周和直径的比值,而是圆的内接正六边形(每个边等于半径)的周长和直径的比值。因此,用"周三径一"作圆周率所计算的面积,不是圆的面积,而是这个圆的内接正六边形的面积。刘徽发现,将圆的内接正多边形的边数成倍增加,多边形的周长就越来越接近圆的周长,这就叫割圆术。

刘徽利用割圆术,一直算到圆的内接正 3072 边,得出了十分精确的圆周率 3.1416。直到今天,中小学生还在使用这个圆周率。刘徽的研究方法和结果,在 1600 年前的古代是十分先进的。

刘徽之后大约两个世纪,我国出现了一位伟大的科学家,他就是南北朝时期南朝的祖冲之。祖冲之在数学、天文学、物理学以及机械制造等方面,都有突出的贡献,其中以数学方面计算出精确圆周率的贡献最大。

祖冲之的成就获得,主要靠的是自学。他从小勤奋好学,尤其对天文、数学感兴趣,《周髀算经》《九章算术》是他认真学习的重要著作,他还为《九章算术》作注。可是,他不迷信古人,在天文、数学方面常常亲自进行现场测量和精密推算,以至发现了不少前人的不足和错误之处,并给予纠正。

对于刘徽推算出圆周率到小数点后第四位,尽管已经相当精确,是当时世界上最先进的,但祖冲之却不满足。于是,他在学习、继承刘徽的理论和方法的基础上,开始了更加艰苦的研究,终于把圆周率精确计算到小数点以后第七位,也就是 3.1415926 和 3.1415927 之间。这在世界上又是遥遥领先的,直到 1000 年以后,阿拉伯数学家和法国数学家,才分别在 15 世纪和 16 世纪打破了祖冲之的纪录。

祖冲之保持千年的纪录可不止这一个。中国古代的数学家和天文学家,常常用分数来表示近似值。这以前,有人以 $\frac{22}{7}$ 作为圆周率 π 的近似值,祖冲之把它叫作"疏率";同时,他又提出一个更精密的圆周率近似值 $\frac{355}{113}$,叫作"密率"。密率更接近圆周率。在欧洲,也是直到 1000 年以后,

祖冲之

德国人奥托、荷兰人安托尼兹才先后提出$\frac{355}{113}$这个圆周率近似值。欧洲人哪里晓得，早在十个世纪以前，中国的大数学家就提出了这个"密率"，所以在西方人编写的数学史上，把它以安托尼兹命名为"安托尼兹率"。近代，日本数学家把$\frac{355}{113}$叫作"祖率"，这顶数学桂冠被还给中国，是十分公正的！

祖冲之以自己的数学知识为基础，在其他科学技术领域里也做出了巨大贡献。他刚刚 33 岁，就编制成功了一部当时先进的历法《大明历》，不但比原先使用的《元嘉历》先进、准确，而且在天文学方面有新的突破。

我国古代曾经制成指南车，但是在战乱中失传了。祖冲之经过刻苦钻研，终于重新制作成功，无论车子怎样前进、转动，这辆铜铸指南车上的小人,总是抬手指着南方。

祖冲之作为一位大科学家,还十分关心民间疾苦。他看到农民以人力舂米、磨面,既劳累,效率又低,就发明了利用水力来舂米、磨面的水碓磨,大大减轻了劳动强度,大大提高了效率。这种水碓磨在现今许多农村地区还在广泛使用。

祖冲之还制造了一种日行百里的航船,试航中,航船如飞般超过其他船只,被誉为"千里船"。

祖冲之在其他各个方面的贡献,都离不开他丰富、先进的数学知识和勇于创新的精神。他不愧是一位举世公认的伟大数学家。

(三)

中国在古代数学的独特贡献还有很多。筹算和珠算就是中国独有的计算方式。

现在的青少年,也许谁也不知道什么是筹算,但是,在2500年以前的春秋、战国时期,筹算却是最为先进、便捷的计算方式。

筹算的工具叫"算筹",是一些竹制或木制、铁制、玉制等的细长棍棍。把算筹摆成纵式或横式,代表1到9(纵式为 ∣∣∣∣∣∣∣∣∣ ┬╥╤ᄬ;横式为 一二三亖亖ㅗㅛㅠㅡ),用它表示十位以上数字时,要先纵后横,相间排列,遇到零时,以空位表示,如2861可表示为: 二ᄬㅗ∣

有了算筹表示的自然数,就可以进行加、减、乘、除,以及其他运算了。

筹算使用的是十进位值制记数法。同一个数字(如╥即7),放在十位,就是几十(70),放在千位,就是几千(7000),和现在的记数法实质相同,只是同阿拉伯数字的字形不同罢了。这种十进位值制记数法,在我国自从有文字记载起就使用了,确实古老而又先进。

其他文明古国呢?

古埃及的数字,从一到十,只有两个数字符号;从一百到一千万,只有四个数字符号,而且是用繁复的象形文字,如用一只鸟表示十万。

古巴比伦的记数法是六十进位制的,到今天还在一些领域(如 60 分为一小时;360 度为一周)广泛使用,但比起十进位制来,计算要烦琐多了。

稍晚些的古希腊,包括数学在内的科学文化很发达。但仅就数学中的记数方法来说,却相当落后,从一到一万的数字,用全部的希腊字母来分别表示;字母不够,就增加符号。

至于印度,是阿拉伯数字的真正发明地,而且在 1 至 9 之后,发明了"0",这是古印度人民在数学方面的伟大贡献。但是,印度直到 6 世纪末,其记数法才真正使用十进位值制,比起中国可是晚了十几个世纪。

这样看来,我国古代的十进位值制记数法和筹算,在世界数学史上的确闪耀着光辉。

到了元末明初,也就是 14 世纪左右,我们的祖先又在筹算的基础上,发明了珠算。人们使用小小的长方形算盘,噼里啪啦地计算,比攥着一大把算筹,在地上摆列出数字再进行计算,要方便、快捷得多。珠算是我们祖先的又一伟大发明创造,在发明电子计算机以前,恐怕没有哪种计算工具像中国的算盘这样快速便当了。

这又是世界数学王冠上的一颗璀璨明珠!

因此,我们可以十分自豪地说直到明朝中期以前,中国在数学的许多领域里,一直处于遥遥领先的地位。几千年里,世界数学桂冠是属于中国的!

救民神医

（一）

谁都知道，中医、中药学是中华民族灿烂文明的重要部分。中国医药学的理论、治疗用的工具和药物，都和西医、西药有很大的不同。直到今天，具有悠久历史的中医、中药仍然是一个伟大丰盈的宝库，为中国人民、世界人民的健康做出了巨大贡献。

还是让我们从几位流芳千古的神医治病故事中，看看中国医药学的独特及神奇吧！

大约 2400 年前，有位叫秦越人的医生，医术十分高明。当时是战国时期，他经常周游各国，为人民治病。他不但精通内科，而且能进行外科手术，还擅长妇产科、小儿科、五官科，等等。他从来不摆名医架子，一心只为老百姓治病。他到达赵国首都邯郸，听说患妇女病的人很多，他就做妇产科医生；到了秦国都城咸阳，听说患病儿童很多，就又当了儿科大夫；在周国都城洛阳，老年病人很多，他又专门治疗耳聋、目昏、肢体麻痹等老年人常见病。他不但医德高，而且医术高，老百姓中流传他能"起死回生"，把他看作传说中黄帝时期的神医扁鹊。渐渐地，人们竟忘了他的名字，都管他叫扁鹊了。

扁鹊诊病使用"四诊法"。这四种诊法是望诊（观察病人的形色）、闻诊（听病人发出的各种声音）、问诊（询问病人的病史和感觉）、切诊（给病人切脉）。扁鹊继承、完善的望、闻、问、切四大诊法，直到今天仍为中医沿用。

用"四诊法"来诊断病症灵验吗？

先看望诊。

扁鹊

一次，扁鹊进宫见到蔡桓公，不由得端详起他的面容来，然后关切地说："从您的气色可以看出，您已经患病了，还不重，您可要快治呀！"

蔡桓公自我感觉非常好，以为扁鹊是吓唬自己，想借治病获利，就把扁鹊送走了。

几天后，扁鹊又来见蔡桓公，一边观察他的气色，一边摇着头说："您的病已从皮肤部位进入血脉，再不治可就要恶化啦！"

蔡桓公心里生气，埋怨扁鹊竟说自己有病。当然，他更不肯请教扁鹊怎样防止疾病恶化了。

扁鹊本着对病人负责的精神，几天后再次来见蔡桓公，严肃地说："您的病从血脉进入肠胃了，需要赶紧服药，否则可就晚了！"

蔡桓公这回非常生气，干脆不理扁鹊。

当扁鹊第四次来见蔡桓公时，只打了个照面，就一言不发地扭头走了。蔡桓公觉得奇怪，派人追出去询问。扁鹊叹了口气说："现在他的病已经深入骨髓，没法治了，我再劝他也没有用了！"

果然，蔡桓公发病了，难受极了。他赶紧派人去找神医扁鹊。但是晚了，扁鹊已经离开齐国。不几天，后悔莫及的蔡桓公就死了。

再看闻诊、问诊和切诊。

扁鹊带着徒弟来到虢国，听说太子刚刚死去，正在筹办丧事，城内很乱。他先向宫门前的中庶子（太子的侍官）打听，得知太子是暴病而亡，还不到半天。他进一步探问，太子发病的症状和死后的情形（都属"问诊"），认为太子不一定是真的死了，就请求进宫抢救太子。

进宫后，扁鹊伏听太子的鼻息，隐约间感到还有些游丝般的气息（属于"闻诊"）。再摸摸太子的大腿根，也有一丝温热。最后，他开始给太子切脉，确定太子患的是"尸厥"，只是昏死过去，只要赶紧抢救，还可以救活。尸厥类似于今天的休克，并不是真死。果然，在扁鹊和徒弟使用针刺、热敷、灌药等紧急措施后，太子睁开了眼睛。又服了二十几天的药，太子就康复了。

像这样治病救人的故事，扁鹊做的可多了。这里，我们应该注意一点：扁鹊使用的针刺疗法，是我国独特的医疗方法，其特点是不靠吃药，只是在病人身体的一定部位刺进针去；或者用火的温热去烧灼、刺激这一部位，就可以达到治病的目的，前者叫针法，后者叫灸法，两者统称为针灸疗法。直到现在，许多外国医生还在学习和使用中国的针灸疗法。针灸治疗的病症广泛，效果迅速，操作简便，经济节约，真是一举四得！

（二）

像扁鹊这种一心想着百姓、以为民解除病痛为己任的"神医"，在中国历史上不断出现。被尊为"医圣"的汉末大医学家张仲景，就是其中著名的一位。

张仲景之所以被尊为"医圣"，是因为他不仅善于治病，而且在医学理论上有很高的造诣，并且写出了中国古代中医名著《伤寒杂病论》，成为千百年来的中医经典著作。

我国保存下来的最早、内容比较完整的医学名著是《内经》（也叫《黄帝内经》）。

这部古典医学名著不是哪一个人写的，而是在长期实践、流传中，由许多医学家不断补充、编写而成的。这部书大约完成于公元前3世纪,到张仲景生活的年代,已经过了五个世纪。张仲景正是在学习、继承《内经》,总结五个世纪以来的医学成果,加上自己丰富的实践经验的基础上,写出了《伤寒杂病论》。

张仲景

中医所说的"伤寒",专指急性热病,和今天所说的伤寒传染病不是一回事。而"杂病"则是指"伤寒"以外的内科病症,以及外科、妇产科、小儿科病症和急救知识,等等。可见张仲景的《伤寒杂病论》是一部十分全面的中医学著作。

让我们通过张仲景治病救人的实际例子来看看《伤寒杂病论》在医学上的贡献吧!

张仲景在诊断病情时主张"辨证论治"。特别对于瘟疫急性传染病,张仲景更有精深的研究。原来汉末军阀混战,造成田园荒敝、瘟疫流行,死尸遍野,正像曹操的诗中所说:"白骨露于野,千里无鸡鸣。"张仲景的家族二百多口人,十年内被瘟疫夺走了三分之二的性命。正是为了同瘟疫斗争,张仲景才辞去了他在长沙的官职,专心研究并为百姓治疗瘟疫而行医。

这年夏天,他行医到瘟疫正在流行的湖南,为一个姓李的病人诊治。病人头痛、发烧、肚胀,按照一般的治疗方法,已经吃了两副发汗药,病却更重了。张仲景先"问诊",了解了以往病史和病人解不出大便的情况。接着又"望诊",发现病人舌苔又黄又厚。之后进行了"切诊",觉得病人的脉象快而有力。张仲景心中有数了,就轻轻按摸病人的肚子,果然很硬,而且下腹部还摸得出一些小的硬块。

张仲景对病人的母亲说:"你儿子得的是伤寒症。这种病初起时,病邪刚在皮肤的浅层,用点发汗药是可以治好的。但现在已经深入到肠胃,再发汗,身体就吃不消了。为了对症下药,我的意思是改用凉药,使你儿子通了大便,病邪就会一起泻下去的。"

张仲景行医图

果然，第一副药吃后，病情见好；两副药吃下去，病人竟能坐了起来。辨证论治效果明显！

从此之后，直到现在，辨证论治成为中医诊断治疗的核心部分。

张仲景对一些潜伏期比较长的严重慢性疾病，能够通过"望诊"早期发现，以便早期治疗。据说，他同汉末三国时期的著名文学家、"建安七子"之首的王粲关系不错。当王粲刚刚20岁出头时，张仲景就对他说："你的气色不好，已经患病，一定得及早治疗。请快服用我的五石汤。否则，再过20年，你就会眉毛脱落，生命危险。"王粲哪里肯信？可又不好意思拒绝张仲景送他的五石汤。过了些日子，张仲景专门来问他服药的情况，王粲随口回答已经吃了。张仲景看了看他的气色，摇头叹气说："不像！你没吃！唉，你不该如此讳疾忌医，拿自己的生命开玩笑！"20年过去了，就在王粲40岁的时候，他已经是魏国（曹操的儿子曹丕建立）的重要大臣，突然毛发脱落，这时，他想起老朋友张仲景的预言，但已经晚了，无论吃什么药也不行了，他很快就死了。

张仲景还在《伤寒杂病论》中最早提出使用人工呼吸的办法进行抢救。书里记载，一个人上吊憋死过去，浑身冰凉，他让人赶紧把上吊者抱下来，解下绳套，用被褥保暖。他指挥两个人在上吊者的头旁，顶住双肩，挽住头发，不要松动。同时，一人扶着上吊者的一只胳膊，轻轻抬起，再轻轻放下。张仲景自己则与这个动作协调配合，双手按着上吊者的胸部和上腹，一压、一松。就这样连续进行人工呼吸，上吊者渐渐恢复呼吸。之后还要用肉桂煎汤或者米汤滴喂，滋润上吊者的喉咙，等他可以含咽为止。同时，再向他的两个耳朵里吹气。张仲景发明的这种综合抢救措施，救活了不少人命！

张仲景为什么能有这么高的医学成就呢？他在《伤寒杂病论》的"自序"中说得清楚：一是"勤求古训"，遍学自古以来的医书，继承历代医学家的宝贵经验;二是"博采众方",搜集老农、樵夫、猎人等一切有实践经验的人保存的药方。此外,当然还有他自己的善于思考,总结提高。

他总结历代名医的治疗方法,归纳为"八法",就是汗、吐、下、和、温、清、补、消。汗法就是用药物催病人发汗,排除体内病毒;吐法就是催病人呕吐,吐出积聚于胃内的宿食及毒物;下法就是使病人泻下,排出肠胃中的病毒;和法就是用药物和解体内病毒……这八种方法,应该根据病情"辨证论治",或者单独使用(如对前面讲的那个姓李的病人,不用"汗法"而用"下法"),或两种以上方法配合使用。从此,历代中医都采用他的方法治病。当今,《伤寒杂病论》仍然是中医、西医学习研究中医理论和进行治疗的经典医书。张仲景被尊为"医圣"是理所当然的!

(三)

如果说张仲景是内科名医的话,那么,与他生活在同一时代的华佗,则是一名外科专家。

几乎没有人不知道华佗为关羽(关云长)"刮骨疗毒"的故事。这是《三国演义》中记载的,说的是关羽臂上中了毒箭,华佗来为他治疗,需要立一根钉有锁环的木柱,把关羽的手臂穿进环中,用绳子捆紧,再把头用被子蒙上,以免害怕。做好这些准备,就可以开刀,割开皮肉,露出白骨,刮去箭毒……关羽却说不用这么麻烦,就一边同马良下棋,一边伸出胳膊。华佗让一个士兵端着盘子,在臂下接血,自己则手持尖刀,从伤口处割开皮肉,露出骨头,那骨头已经中毒

华佗

发青。华佗用尖刀咔哧、咔哧地刮着骨毒,旁边人的脸都吓白了。很快,骨毒刮净,华佗为伤口敷上药,缝合刀口,贴上膏药。不久,关羽的臂伤痊愈了。当然,《三国演义》中的这一段只是传说,不一定确实如此,而且书中主要歌颂的是关羽。可是,人们更钦佩的还是神医华佗的高超医术,他的确是我国古代最著名的外科专家!

实际上,"刮骨疗毒"只能算中小手术,而要进行开腹之类的大手术,没有麻醉药是不可想象的。而华佗,正是世界上第一个发明了使病人全身麻醉的"麻沸散",并进行大型外科手术的医生。关于华佗实行外科大手术的记载,不同于文学作品的《三国演义》,而是记在《后汉书》等正式的史书中。

有一个推车脚夫,突然小肚子痛得不行,找到了华佗。他两条腿弯曲着,痛得不断呻吟,但声音已经细弱,看来病得不轻。通过望诊,华佗心中有数。接着进行切诊,并对病人肚子进行按摸,他很快确诊为"肠痈"(阑尾炎)。对这种急性且已经拖延而很重的病,华佗知道靠针灸、服药是不行了,于是决定动手术。

他先调和好"麻沸散",让病人用酒冲服。病人很快昏昏沉沉麻醉过去。华佗立即迅捷又准确地开腹,割除溃烂的阑尾,接着止血、缝合刀口,涂上生肌、收口的膏药。脚夫的病治好了,伤口也很快愈合,不到一个月,他又可以自由活动了。

史书上还记有华佗为病人动大手术,切除肿瘤,或切除肠、胃,并把切断的肠胃缝合,将重病者治愈的事例。

西方人是什么时候才发明麻醉剂、进行外科手术的?那已经是19世纪中期的事了。也就是说,华佗使用麻醉剂至今已经将近1800年,而西医使用麻醉剂只有150多年的历史!

华佗诊病图

华佗还主张进行经常性的活动、锻炼，实行运动保健。他创造了一套运动体操"五禽戏"，就是摹仿虎、鹿、熊、猿、鸟五种禽兽的动作，进行体操锻炼。华佗的弟子吴普天天做五禽戏，活到90多岁，还耳聪目明，牙齿完好，身体也很壮实。

但是，华佗的寿命却没有那么长。

原来，华佗像扁鹊、张仲景一样，一心为老百姓治病，对当官毫无兴趣。那时候，东汉政府的太尉黄琬等，曾多次请他出来当官，都被他谢绝了。他一直坚持在江苏、安徽、山东、河南一带行医，在民间享有崇高威信。当时曹操已经位居丞相高职，执掌军政大权，可是顽固的"头风病"（偏头痛或三叉神经痛）却常常折磨着他。他和华佗是同乡（今安徽省亳县），就派人把这位名医请到当时的都城许昌，华佗只用了几针，就治好了曹操的病。曹操害怕旧病复发，就让华佗留下，给自己当私人医生。华佗自然不愿意只为这一个官员服务，而置广大人民的病痛于不顾，就借口妻子有病而请假回家。曹操发现华佗竟是假托妻子有病而不愿给自己当侍医，勃然大怒，就把华佗关进监狱，后来又杀了他。可惜的是，华佗在死前把自己精心整理的医学著作手稿，交给看守他的狱卒，说明这是"救治百姓性命的宝贵资料"，请狱卒把这珍贵的医学财富保存并传下去。可是胆小又愚昧的狱卒不肯接受。万分悲愤、失望的华佗，含泪把这些手稿烧掉了。一份中华医学的宝贵财富化为了灰烬！所以，尽管史书上记载，华佗不光有丰富的医学知识和实践，还有光辉的医学著作，但却因此没能留传下来，这是中华文明的巨大损失。

（四）

前边三节，我们重点介绍了扁鹊在四诊、针灸方面的成就，张仲景在内科和医学理论方面的贡献，华佗在全身麻醉、进行外科手术方面的创造。接下来，我们要着重介绍唐朝初期的大医学家孙思邈在医药学方面的杰出成绩。历代人们都把孙思邈尊奉为"药王"。

孙思邈

孙思邈青年时代就开始行医，名声逐渐大起来。隋文帝多次召他到朝廷去做医官，他都不肯，宁愿留在民间，为百姓治病。他尤其乐于为穷苦人治病，有时不但不收诊视费，而且免费送药。后来唐太宗、唐高宗又请他当官，也都被他拒绝了。

孙思邈在行医途中

　　孙思邈在用药上是很有创见的。他发现，山区的穷人容易得夜盲症，当地人叫"雀盲眼"，就是说，患者像麻雀一样，白天什么都看得清，夜间光线一暗，就像麻雀一样，什么都看不见了。他分析，山区穷人很少吃荤，体内缺少什么东西，就试验用比较便宜的牛羊猪的肝来治疗，还真见效。现在人们都知道了，夜盲症是因为缺少维生素 A 的缘故，而动物肝脏里恰恰含有大量维生素 A，自然可以治疗夜盲症了。

　　孙思邈又发现，就像穷人爱得"雀盲眼"一样，富人易患脚气病，病重起来，不但双脚肿胀疼痛，而且周身困乏。他又分析，富人同穷人不同，吃的精米细粮不少，却很少或根本不吃粗粮，也许脚气病同这种饮食有关。他发现，粗粮和细粮的区别，就在于夹杂着米糠、麸子。于是，他就用米糠、麸子来治脚气，让患者喝谷糠、麦麸皮煮的粥，再辅以别的措施，果然大有成效。他还让患者服用杏仁等药。现在人们都明白，脚气病患者缺少维生素 B_1，而糠、麸子、杏子等都含有丰富的维生素 B_1，治脚气病很有成效。顺便提一句，孙思邈是世界上第一个记录脚气病病史、症状及治疗方法的医生，比国外的记录早了 1000 年！

以上两项是孙思邈提倡的"饮食疗法"的例证，也是世界药学史上的创造！

孙思邈还对"冲心型脚气"有所认识。有个患者呕吐难受，孙思邈诊断是患了脚气。患者不信，说他的脚从来不肿，怎么会是脚气呢，因此拒绝吃孙思邈开的药，而去请别的医生看，得到的结论是药物中毒。这人按中毒服药，几天后就死了。孙思邈说，脚气病不能仅以脚肿为症状，有些症状为小腹麻痹，虽然脚并不肿，但会呕吐不止，若不及时治疗就会丧命。

孙思邈行医几十年，深感当时还缺乏一部汇集各种治病药方的医书，可以随时供医生参照使用。于是，他呕心沥血，终于在年过七十之后编成一部《备急千金要方》，"千金"是指人的生命贵如千金，而书中的药方，治病救命，自然也是贵如千金了！但是，孙思邈并不满足，又过了 30 年，在他 100 岁的时候，又编成《千金翼方》，作为对《千金要方》的补充。就在《千金翼方》问世的第二年，101 岁的老医学家去世了。这两部书，合称为《千金方》。

这两部书用"以病带药"的办法，把疾病分为 65 类，一一介绍治疗每种病所用的主药和常用药。两书把药物又按玉石、草、木、人兽、虫鱼、果、菜、米、谷等分类，共载矿物药、草药、动物药 873 种，还有药方 6500 多个。这是老医药学家一生的爱民心血，是祖国医学宝库的不朽财富。

为了纪念孙思邈，人们不仅尊奉他为"药王"，还在他常去采药的五台山等地建立了药王庙。人们为了传播孙思邈留下的药方，还把其中较为重要的刻在石碑上，叫"千金宝要碑"，立在人们常到之地。1961年，新中国邮电部发行了一套纪念我国古代著名科学家的邮票，其中就有两枚是纪念孙思邈的！

多面科学家

（一）

在我国封建社会的中后期，随着社会
生产和科学技术的发达，出现了一些具有多
方面才能和卓越贡献的科学家。像宋朝的
沈括，就在天文、地质、数学、物理、化学、气
象、生物、医学以及工程技术等许多方面都
有所成就。

沈括的童年，不仅在母亲指导下读书，
学得很多知识，而且跟随父亲到过福建、江

沈括

苏、四川和首都汴京（今河南省开封市），增长了见识。特别是沈括，他不
甘于只是坐在屋子里读书，而是特别喜欢登山下河，深入观察。有一年
四月，沈括到深山游玩，惊喜地发现山上桃花盛开。他刚刚从山外来，山
外的桃花早就败了，不由得想起唐代大诗人白居易的诗"人间四月芳菲
尽，山寺桃花始盛开"，他的体会也就更深了。可是他不满足于看到的现
象，而是要探讨这是为什么？经过考察、研究，他明白了地势高低与气温
高低的关系，以及与开花早晚的关系，终于得出结论："此地气之不同
也"，也就是说"地"势高，"气"温就低，花开得就比较晚。

沈括成年以后，还在安徽、陕西、湖北当过官，他仍然把很大的精力

放到考察和研究方面。他观察浙江的雁荡山，发现各个山峰的特点，指出：雁荡山诸峰的成因是水流侵蚀作用的结果。他步行在河北太行山的崇山间，发现山崖间有带状分布的螺蚌壳和鹅卵石，就得出大胆而科学的结论：这里原来是远古时代的海滨；而太行山东边到海的华北大平原，则是千万年来，黄河以及漳河、桑乾河、滹沱河等大小河流，把夹带的黄土高原的泥沙冲向海滨，日积月累，沉淀而成。沈括还指出：从地下挖掘出来那些类似树叶、鱼、蟹的各种化石，是古代动植物的遗迹。人们可以根据这些化石，来推断古代的自然环境。

以上，沈括关于流水对土地的侵蚀及搬运作用的观点，欧洲人是在700年后才有科学家论述；而欧洲人对化石性质的论述，也比沈括晚400百多年。

沈括的一生动荡不安。30多岁时，他积极支持著名的王安石变法，曾担任全国财政最高长官。变法失败后，他被降职到外地。后来他到北方抵御西夏有功，又升官回到汴京。没过多久，他又遭到诬陷，贬官出京。政治上的动荡和失意，并没有使他减少对科学的关心。特别是他晚年在润州（今江苏省镇江市）梦溪园定居。他在梦溪园以全部精力总结自己的科学活动，写下了闻名中外的科学巨著《梦溪笔谈》。

沈括

我们今天之所以知道活字印刷术是宋朝的劳动者毕昇发明的，就是因为《梦溪笔谈》详细记录了他亲眼看到的胶泥活字和印刷设备及操作过程。而封建时代的史书对毕昇这位有着伟大发明的工匠，却没有一个字的记载。

还有，关于指南针的实际观察和记录，也是《梦溪笔谈》的功劳。本书第一节"四大发明"中提到的四种使用指南针的方法，也是沈括记载在《梦溪笔谈》中的。更可贵的是，他发现并写下：指南针针尖指南，但略微偏东。这就是今天所说的"地磁偏角"。而西方传说是哥伦布远航发现的磁偏角，那也比沈括晚了 400 年。

在天文学方面，沈括的贡献也是突出的。他曾经负责领导掌管天文历法的司天监，首先罢免了滥竽充数的 6 名旧历官，并把平民出身但精通天文、历法、数学的卫朴破格提升到司天监，主持修订新历法。他和卫朴简化了结构变得比原来复杂得多的浑仪。元朝郭守敬就是在沈括的基础上制成简仪的。到了晚年，沈括更大胆地提出与历代历法完全不同的《十二气历》，也就是纯粹的阳历。今天来看，《十二气历》既符合天体运行的实际，又有利于安排农业生产，十分科学。他知道，自己的先进主张会遭到保守势力的"怪怒攻骂"，不能实行，但他却坚信：以后一定会使用我的学说！果然，过了将近 800 年，太平天国的《天历》，以及英国农业气象局的"肖伯纳历"的基本原理，和沈括的《十二气历》一样。而目前世界通用的公历（即"阳历"），在月份的划分上还比不上《十二气历》合理。

沈括在化学方面也有成就。他在延州（今陕西省延安一带）当官时，考察了当地的石油。他预见"石油今后一定会在世界广泛使用"。就连"石油"这个名称，也是沈括首先在《梦溪笔谈》中使用的。他还在《梦溪笔谈》中记录了用化学方法来鉴定物质。

沈括巡守边防的时候，曾经用 20 多天，仔细勘察了所在地区的山川、道路的形势，并雕成木制地势立体模型图。皇帝看了以后倍加赞扬，命令边境各州都学习制作这种精确、形象的地势模型。欧洲直到 700 多年以后,才出现类似的地理模型。

沈括不愧是我国古代杰出的多面科学家。

(二)

明朝时期,中国的封建社会达到了最后一个高峰,生产、科学、技术获得空前的成就,出现了更多的"多面科学家"。李时珍、徐光启、宋应星就是其中杰出的三位。

李时珍作为医药学家,几乎无人不晓。他的《本草纲目》作为自古以来最重要的医药书籍,也是尽人皆知。但是你可知道,世界著名的生物学家、进化论创始人达尔文研读了《本草纲目》以后,高度评价它是"中国古代的百科全书"。李时珍不光是药物学家,更是对世界文化做出巨大贡献的伟大的自然科学家。

李时珍小时候瘦弱多病。父亲是位有经验的民间医生,他把小李时珍的病慢慢治好。李时珍决心也当一名为人除病保健的医生。稍大一些,他常常和父亲、哥哥一起登山采集草药,不仅增长了医药知识,还培养了注意观察的习惯、分辨各种药物的能力。

李时珍正式行医以后,给病人诊断、开方可认真了。他不迷信已有的医书、药方,反而在实践中发现了以前的本草书的许多错误。他不再满足于只是看病行医,而是决定编一部比历代本草书更全、更科学的书。他花了27年的宝贵时间,终于使这部100多万字的巨著诞生在中华大地上。

为了这部百万字巨著,他搜集、阅读了800多种古书,写下来的笔记有好几百万字、装了几柜子。这并不能使他满足,因为他更注重实际观察,不能光是"听说",而是要"眼见"。

比如，书上说白花蛇身上有 24 块斜方块的花纹。为了弄清楚，他就跟着捕蛇人上了山，终于捉到一条白花蛇。李时珍仔细一数，果然不错：24 块斜方块的花纹。

李时珍

再比如，书上说穿山甲这种动物爱吃蚂蚁。他登山向樵夫、猎人请教，并真的捉住一只穿山甲。李时珍当即进行解剖，果然在穿山甲的大胃里，发现了一升多死蚂蚁。不过，书中所说穿山甲吃蚂蚁的方法不准确，李时珍观察到穿山甲吃蚂蚁的方法，并写入了《本草纲目》。

但是，毕竟有些是李时珍当时不可能亲眼见到的。例如，一本唐朝的书说，外国有一种食蛇鼠，嘴是尖尖的，尾巴红红的，能吃毒蛇。据说食蛇鼠的屎抹在被毒蛇咬了的伤口上，可以解毒治伤。李时珍一直设法想找到这种食蛇鼠，但却找不到。于是，他就在自己的书上记下："食蛇鼠只是听说，并未见过，是不是确有，靠后人去调查研究。"

《本草纲目》在医药学上确有伟大的贡献，比如它载有1万多个药方，比前人增加了几倍。但这里要强调的是，这位伟大自然科学家在分类学上也有卓越贡献。

以前，我国的医药书只是把药物分为上、中、下三品。而李时珍则突破传统分类，把各种药物按照自然属性分类，使《本草纲目》不仅是药物学巨著，也是一部植物学、动物学、矿物学的专著。《本草纲目》先记录矿物药，然后植物药，再后是动物药，也就是先简单后复杂，由低级到高级，体现了自然界的发展进程。

《本草纲目》把矿物药物分为4部：水、火、土、石；植物性药物分为5部：草、谷、菜、果、木；动物性药物分为6部：虫、鳞、介、禽、兽、人。每一"部"下分"类"，类下分"种"。比如对草类，又分为山草、蔓草、芳草、毒草、湿草、水草、石草、杂草、苔类等9类。这种分法在当时是最科学的。欧洲人直到160多年以后，才由瑞典著名植物分类学家林奈提出类似的分类方法。《本草纲目》中记载的植物多达1000多种，而且把它们的品种、形态、气味、医疗功能等都详细记了下来，还配上精细的附图，真是又科学、又鲜明。

李时珍的《本草纲目》不光是医药学巨著，还涉及古代自然科学的许多领域：动物、植物、矿物、化学、地质、农学、天文、地理等。这本书早就被译成日文、英文、德文、法文、拉丁文、俄文而流布于世界，其中光英文就有十多种版本。李时珍成为举世公认的、杰出的自然科学家。

（三）

李时珍之后另一位多面科学家徐光启,生活在明朝晚期。由于长期受封建统治的束缚,中国的科学发展停滞不前,而西方却飞快地赶了上来,在不少领域超过了中国。徐光启这位大科学家,既在许多方面坚持研究,使中国仍然保持领先,也注意向西方学习。

1603 年,徐光启在南京认识了意大利传教士利玛窦等人,开始接触西方科学。他发现西方科学的进步,决心刻苦学习并介绍到中国来。

徐光启

徐光启在写作

徐光启同利玛窦在北京合作,决定先把欧几里得的《几何原本》介绍到中国来。欧几里得是公元前 3 世纪的伟大数学家,他的《几何原本》是欧洲流行最广的数学名著,引进《几何原本》是使我国古代数学在原有基础上发展、提高的新条件。这次翻译,对徐光启来说,实在太艰苦、太困难了。因为就连许多数学上的专用名词和术语,在这之前从来没有人说过、用过,怎样用汉语准确表达出来,得要反反复复地研究英文、拉丁文的意思和读音,再反复推敲,创造出合适的汉语词汇来表达。"几何"这个词,就是徐光启经过英语的音、义而新创出的汉语词。其他如点、线、面、平行线、锐角、钝角、三角形、四边形……也都是徐光启第一个使用并确定下来。由于这些数学名词含义贴切,直到今天还在使用。

《几何原本》的翻译,采取利玛窦口述,徐光启记录、整理的形式,花了将近一年的时间,译出了前 6 卷。由于利玛窦不肯继续合作下去,书没有译完。直到250 年以后,清朝数学家李善兰才同另一位英国人合作,译出后 9 卷。

徐光启还融会中西科学,在天文历法方面有突出贡献。在徐光启的建议下,明朝成立了西法历局,由徐光启主持修订历法。他一方面研究中国古代历法,充分肯定汉、唐、宋、元几朝的历法在不断进步;一方面进一步学习、引进西方科学,还同意大利以及德、奥等国的著名大学联系,吸取欧洲最新科学知识。他还引进了伽利略发明的天文望远镜和欧洲的时辰钟,对天象进行精密观测,绘出《全天球恒星图》,这在中国是个创举。

徐光启继承了一行、郭守敬等中国古天文学家的优良传统,十分注意实际测量。他七十高龄时,还常常整夜守候在天文观象台上,观测验证自己的新历法计算结果。有一次竟失足摔下台去,可他仍然坚持观测。

可惜的是,徐光启的晚年正赶上明朝的末年,国家没有能力支持徐光启的工作。徐光启死后,清兵入关。清朝初年使用的历法,实际正是在徐光启的《崇祯历书》基础上制订的。

徐光启还翻译了许多关于测量、水利等方面的书。像地圆说、经度、纬度等观念,也是这些书出版后,才在我国广泛使用的。当然,徐光启最伟大的成就还是我们在上一节讲的《农政全书》。这位多面科学家首先是大农学家。

（四）

比徐光启稍晚,明末又出现了一位杰出科学家宋应星。他的主要著作——《天工开物》,是我国乃至世界上少见的科学技术书。

自古以来,许多文人学士自以为满腹经纶,却根本不重视对农业、手工业生产及技术的观察与研究。宋应星则根本不同,他瞧不起书呆子。当时,中国已经出现了资本主义生产的萌芽,一些手工生产技术已经十分发达,工具十分复杂,这些书呆子更是一点儿也不知道。宋应星说得好:现在的提花织机(下边再介绍)的构造如此精巧,可是有几个人去亲眼看过呢?你们这些人自幼学习"治乱经纶",可是一辈子没看看织机上的"经"和"纶",难道不感到太遗憾了吗?

宋应星和那些迂腐的文人不同,他一直在努力读书的同时,深入调查、研究各种生产技术。直到 47 岁时,他才被委派到一个小县里当一名"教谕"——主管教育的小官。这种穷官,使他连买些必要的参考书都做不到,连请朋友来研究讨论作品都不敢,因为缺吃少住。但他仍然经过 3 年艰苦努力,在明朝灭亡的前 7 年(1637 年)写成了《天工开物》这部科学巨著。

《天工开物》这部书的名字很有意思,体现了宋应星的进步思想。他认为,天地间蕴藏着数不尽的物质资源,但是,人为万物之灵,可以巧夺天工,开发自然、利用自然,创造出人类所需要的物质财富。这就是《天工开物》的本意。

宋应星著书图

说《天工开物》是一部百科全书式的科学文献,一点也不过分。这部书分为3卷18篇。上卷记载的是农业生产、加工及纺织、制盐、制糖等工艺;中卷是砖瓦、陶瓷的烧制,车船制造及煤炭的开采,石灰的烧制,造纸、榨油的方法等;下卷是讲述金属矿物的开采、冶炼,珠玉的采集加工,兵器的制造等。当时,中国的多种科学技术都达到很高的水平,《天工开物》几乎都一一进行了生动、形象的介绍;其中不少在当时仍然是居于世界前列的工艺措施和科学创见,在中国、世界的科学技术史上都占有不朽的地位。

中国的资本主义生产的萌芽，主要出现在东南沿海一带的纺织业以及矿冶等行业。宋应星把这些宝贵的材料都记录下来。

中国古代的纺织工业一向十分发达，特别是中国丝绸，在全世界享有盛誉。《天工开物》就对丝织、棉纺、麻纺技术进行了详细记述。特别是其中一幅《花机图》，十分精细，比例恰当，主体感很强，照着这幅插图可以制造这台手工提花织机。从这幅图及精彩的文字说明可以看出，中国的结构复杂的提花织机，是当时世界上最先进、最精巧的。

中国古代的冶炼技术也长期处于世界领先地位。《天工开物》就具体介绍了"灌钢"冶炼法，就是把铁水直接灌注熟铁，可以用来做刀剑的锋刃。这种灌钢技术，南北朝时期的陶弘景就有记述，但明朝时期又有了新的发展，宋应星把这种进步记了下来。

不光是灌钢，在采矿、冶金、金属加工业等许多方面，明朝在生产规模、产量和技术工艺方面，都领先于世界。《天工开物》在我国历史上，第一次系统地介绍了采矿工程，包括井下巷道的支护、通风以及矿藏的开采、洗选等等。对于大到几万斤的铁锚，小到绣花针，《天工开物》都讲到了。

像《天工开物》这样的科技巨著，很快传到国外。鸦片战争以后，首先于1869年译成法文传到欧洲，书名叫《中华帝国古今工业》。日文、英文、德文本也广泛流传。但是，在封建制度走向衰亡的旧中国时，这部巨著却失传了。直到新中国成立，才于1952年发现了一部完整的《天工开物》原刻本，成为中国人民的一份宝贵遗产。

（说明：本书使用的个别图片无法与原作者取得联系，在此表示歉意，敬请原作者及时与我社联系，我社将按照有关标准支付报酬。）